STARK in KLASSENARBEITEN

Prozentrechnen

Markus Fiederer

6.–8. Klasse

Bildnachweis

Umschlag: © Bikeworldtravel – Fotolia.com
S. 1: © Can Stock Photo Inc./Andres
S. 4: Paar im Zugfenster: © Dmitriy Shironosov/Dreamstime.com
S. 5: © Olga Mirenska/Dreamstime.com
S. 7: Schmetterling 1: © Andrzej Pobiedzinski/sxc.hu; Schmetterling 2: © Russell Jones/www.sxc.hu;
Schmetterling 3: © Vladimir Sazonov/Dreamstime.com; Schmetterling 4: © Ulrich Willmünder – Fotolia.com
S. 8: © Melisback – Fotolia.com
S. 9: © Chris Bessler/www.sxc.hu
S. 10: © Thaut Images/Fotolia.com
S. 12: © Can Stock Photo Inc./PhotoEuphoria
S. 13: © Orlai/www.dreamstime.com
S. 16: © Eric Wagner/Dreamstime.com
S. 17: © Sean Nel – Fotolia.com
S. 18: © Elena Elisseeva/Dreamstime.com
S. 19: Junge mit Mütze: © Jason Stitt – Fotolia.com; Mädchen: © Tamás Ambrits/Dreamstime.com;
Junge: © Tracy Whiteside/Dreamstime.com
S. 20: © multimartinator/Fotolia.com
S. 21: © Jan Jansen – Fotolia.com
S. 22: Giraffe: © Kamensky/dreamstime; Zebra, Schwein, Igel: © Eric Isselée/Dreamstime.com;
Löwe: © Isselee/dreamstime; Maus: © Emilia Stasiak/dreamstime; Nashorn: © www.sxc.hu
S. 23: © Can Stock Photo Inc./restyler
S. 24: © Can Stock Photo Inc./vale_t
S. 25: Fotograf: Sebastian Terfloth (Sese_Ingolstadt), http://commons.wikimedia.org/wiki/File:
ICE_3_Fahlenbach.jpg. Lizenziert gem. CC BY-SA 2.5
S. 26: © Yong hian Lim/Dreamstime.com
S. 27: © pilfrota (Pedro Ignácio Loyola Frota)/www.sxc.hu
S. 28: © Patrick Huebgen, http://bar.wikipedia.org/wiki/Datei:Allianz_Arena_Pahu.jpg
S. 29: © Grzegorz Szlowieniec/Dreamstime.com
S. 30: © Schulz-Design/Fotolia.com
S. 31: © Oleksandr Kalina/Dreamstime.com
S. 32: © Alexey Efanov/Dreamstime.com
S. 35: © Can Stock Photo Inc./Sandralise
S. 37: © Daniel Tremain – Fotolia.com
S. 38: © Goce Risteski/Dreamstime.com
S. 39: © Nikada/Istockphoto
S. 41: © Janina Dierks – Fotolia.co
S. 43: Rucksack: © Grzegor Japol – Dreamstime.com; DVD: © Dreamstime/Feng Yu;
Snowboard: © Silvrshoot/www.istockphoto.com; Auto: © Mike Tan / www.dreamstime.com
S. 46: © Dan Race – Fotolia.com
S. 48: © Jan Will – Fotolia.com
S. 49: Netbook: Fotograf: VIA Gallery, http://en.wikipedia.org/wiki/File:HP_2133_Mini-Note_
PC_(front_view_compare_with_pencil).jpg. Lizenziert gem. CC BY 2.0;
Laptop: © Svyatoslav Palenyy/sxc.hu; Fernseher: © Franz Pfluegl/ Dreamstime.com;
Smartphone: © Daniele Taurino/Dreamstime.com; MP3-Player: © Ronnybas/Dreamstime.com
S. 53: © Can Stock Photo Inc./ambro
S. 54: © Can Stock Photo Inc./ribah2012
S. 56: Tischkalender: © Sufi70/Dreamstime.com; Sparschwein: © Karen Roach – Fotolia.com
S. 57: © Can Stock Photo Inc./piep600
S. 59: © Can Stock Photo Inc./blasbike
S. 60: © Can Stock Photo Inc./gina_sanders
S. 61: © Can Stock Photo Inc./monkeybusiness

ISBN 978-3-86668-830-8

© 2015 by Stark Verlagsgesellschaft mbH & Co. KG
www.stark-verlag.de

Inhaltsverzeichnis

Vorwort

So arbeitest du mit diesem Buch

Was ist Prozent? 1

   1 Anteile berechnen 1

   2 Prozentschreibweise 5

   3 Grundwert – Prozentsatz – Prozentwert 10

   Test 1 14

   Test 2 15

Grundlagen des Prozentrechnens 16

   1 Prozentsatz 16

   2 Prozentwert 24

   3 Grundwert 28

   Vermischte Aufgaben 31

   Test 3 34

   Test 4 36

Prozentrechnung und Proportionalität 37

   1 Direkte und indirekte Proportionalität 37

   2 Prozentrechnung mithilfe des Dreisatzes 41

   3 Schätzaufgaben 44

   Vermischte Aufgaben 49

   Test 5 50

   Test 6 51

Zinsrechnung 53

   1 Grundlagen 53

   2 Lineare Verzinsung 57

   3 Exponentielle Verzinsung 60

   Vermischte Aufgaben 63

   Test 7 64

   Test 8 65

Lösungen 66

Autor: Markus Fiederer

Auf einen Blick!

Liebe Schülerin, lieber Schüler,

Prozente spielen nicht nur in der Schule eine wichtige Rolle, sie begegnen dir auch häufig im alltäglichen Leben, z. B. beim Einkaufen. In den Geschäften wird auf jedes Produkt eine Mehrwertsteuer erhoben und es gibt oftmals Sonderangebote, bei denen der ursprüngliche Preis mit einem Rabatt reduziert wird. Auch innerhalb der Mathematik brauchst du immer wieder Prozentzahlen, beispielsweise bei Funktionen als Steigung von Geraden oder in der Stochastik. Daher ist es wichtig, dass du den Umgang mit Prozenten sicher beherrschst.

Das vorliegende Buch hilft dir, dein Wissen in der Prozentrechnung zu **vertiefen** und zu **testen**.

- Übersichtliche **Schritt-für-Schritt-Erklärungen** vermitteln die Lerninhalte so, dass du sie wirklich verstehst und auch anwenden kannst.

- Zahlreiche **Aufgaben** helfen dir dabei, den neu gelernten Stoff zu festigen.

- **Tests** zur Selbstüberprüfung geben dir einen Überblick über deinen aktuellen Leistungsstand.

- Ausführliche **Lösungsvorschläge** sorgen dafür, dass du deine Rechenwege selbstständig kontrollieren und verbessern kannst.

Du wirst sehen, wenn du parallel zum Unterricht mit diesem Buch übst, wird dir das Thema Prozentrechnung schon bald viel leichter fallen und du kannst **stark in** deine nächste **Klassenarbeit** gehen!

Viel Erfolg bei deinen Klassenarbeiten!

Markus Fiederer

So arbeitest du mit diesem Buch

Jedes Kapitel in diesem Buch ist wie folgt aufgebaut:

- Wichtige Begriffe werden in **Wissenskästen** erklärt und im Anschluss durch anschauliche Beispiele verdeutlicht. Lies dir die Erklärungen und Rechnungen gut durch, damit du die folgenden Aufgaben selbstständig lösen kannst.

- Um dein Wissen zu sichern, stehen dir auf den folgenden Seiten zahlreiche **Aufgaben** zur Verfügung.
  An manchen Stellen bekommst du **Tipps**, die dir bei der Lösung helfen. Lies sie am besten erst, wenn du alleine nicht weiterkommst.

   Besonders **knifflige** Aufgaben sind mit einem Stern gekennzeichnet. Lass dich nicht entmutigen, wenn du sie nicht auf Anhieb lösen kannst.

- Zu einigen Kapiteln gibt es **vermischte Aufgaben**. Sie helfen dir dabei, zu erkennen, welchen Lösungsweg du einschlagen musst, um das richtige Ergebnis zu erhalten. Bearbeite diese Aufgaben erst, wenn du die Unterkapitel sicher beherrschst.

- Nachdem du ein großes Kapitel einschließlich der vermischten Aufgaben durchgearbeitet hast, kannst du dich an die zugehörigen **Tests** zur Überprüfung deines Leistungsstandes wagen. Aufgaben wie hier können dir auch in deiner nächsten Klassenarbeit begegnen. Versuche daher, den Test in der vorgegebenen Zeit und ohne weitere Hilfsmittel zu lösen.
  Die Punkteverteilung zeigt dir, wie gut du das Thema beherrschst:

   Du bist in diesem Themenbereich fit, gehe zum nächsten Kapitel über.

   Es sitzt noch nicht alles, wiederhole die für dich schwierigen Themen.

   Du hast noch größere Lücken, schaue dir alle Wissenskästen erneut an und arbeite die Aufgaben dazu noch einmal durch.

Auf einen Blick! ——

■ Am Ende des Buches findest du zu allen Aufgaben ausführliche **Lösungen**, mit denen du deine Ergebnisse überprüfen kannst. Versuche jedoch immer erst, die Aufgaben eigenständig zu bearbeiten, denn nur wenn du sie selbst rechnest, bleibt dir die Vorgehensweise im Gedächtnis. Danach solltest du deine Ergebnisse auf jeden Fall mit denen im Buch vergleichen, damit du siehst, ob dein Lösungsansatz richtig war.

Hier kannst du eintragen, wie gut du bei den Tests zu den einzelnen Kapiteln abgeschnitten hast. Auf diese Weise behältst du immer den **Überblick** über deinen aktuellen Leistungsstand.

Testergebnisse			
Test 1: Was ist Prozent?			
Test 2: Was ist Prozent?			
Test 3: Grundlagen des Prozentrechnens			
Test 4: Grundlagen des Prozentrechnens			
Test 5: Prozentrechnung und Proportionalität			
Test 6: Prozentrechnung und Proportionalität			
Test 7: Zinsrechnung			
Test 8: Zinsrechnung			

Was ist Prozent?

1 Anteile berechnen

Svenja und Paul wollen den dies-
jährigen Familienurlaub unbedingt im
Süden verbringen. Nachdem sie ihre
Eltern endlich dazu überreden konn-
ten, bucht Familie Fischer ein Ferien-
haus für eine Woche in Kroatien.
Direkt nach der Buchung müssen sie
dem Reiseunternehmer zur Sicherheit
einen bestimmten Anteil der Gesamt-
summe als Anzahlung überweisen.

WISSEN

Ein Bruch bezeichnet den **Anteil** am Ganzen.
Der Nenner gibt an, in wie viele gleiche Teile das Ganze zerlegt wurde, der
Zähler gibt die Anzahl der gleichen Teile an.

BEISPIEL

a $\frac{5}{8}$ eines Kreises:

Der Kreis wurde in **8** gleich
große Teile zerlegt, von denen
5 Sektoren markiert wurden.

b $\frac{7}{9}$ von $81\,\text{kg} = \frac{7}{9} \cdot 81\,\text{kg} = 63\,\text{kg}$

Zur Berechnung eines Anteils ersetzt man
„von" durch „·".

c $\frac{1}{3}$ von $\frac{1}{4}$ von $144\,\ell = \frac{1}{3} \cdot \frac{1}{4} \cdot 144\,\ell = \frac{1}{12} \cdot 144\,\ell = 12\,\ell$

d Die Ferienwohnung von Familie Fischer kostet 1 228 €. Der Reiseunternehmer verlangt als Anzahlung ein Viertel des Gesamtpreises.
Wie viel muss Familie Fischer anzahlen und welcher Betrag bleibt dann
noch offen?

Vertiefe dein Wissen!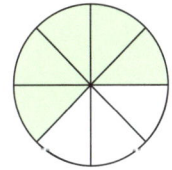

Lösung:

Der Preis der Ferienwohnung beträgt 1 228 €.

$$\frac{1}{4} \text{ „von" } 1\,228\,€ = \frac{1}{4} \cdot 1\,228\,€ = \frac{1\,228\,€}{4} = 307\,€$$

$\frac{3}{4}$ der Summe bleibt noch offen und kann auf die gleiche Weise berechnet

werden:

$$\frac{3}{4} \text{ „von" } 1\,228\,€ = \frac{3}{4} \cdot 1\,228\,€ = \frac{3 \cdot 1\,228\,€}{4} = \frac{3\,684\,€}{4} = 921\,€$$

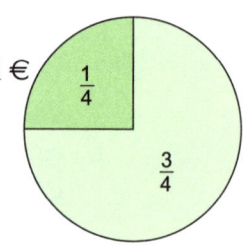

Beide Zahlungen ergeben **zusammen das Ganze**,

d. h. 1 228 €:

$$\frac{1}{4} \cdot 1\,228\,€ + \frac{3}{4} \cdot 1\,228\,€ = 307\,€ + 921\,€ = 1\,228\,€$$

---

1 Welcher Bruchteil der Figuren ist eingefärbt?

TIPP
Zerlege die Figuren in gleich große Teile.

a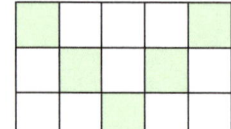

b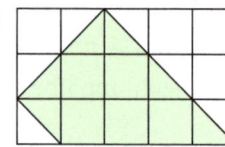

c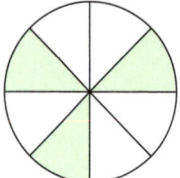

d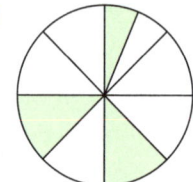

e

*f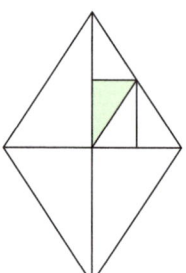

---

2 Veranschauliche jeweils mithilfe eines Kreises und eines Rechtecks die folgenden Bruchteile.

a $\frac{7}{12}$

b $\frac{3}{8}$

c $\frac{7}{15}$

d $1\frac{3}{5}$

3 Berechne die fehlenden Werte. Wenn du die Felder mit deinen Ergebnissen anmalst, erhältst du ein Motiv.

a $\frac{3}{4}$ von $16 = \square$

b $\frac{2}{3}$ von $7 = \square$

c $\frac{3}{2}$ von $15 = \square$

d $\frac{7}{9}$ von $63 = \square$

e $\frac{3}{5}$ von $\square = 15$

f $\frac{7}{8}$ von $\square = 392$

g $\frac{5}{3}$ von $\square = 30$

h $1\frac{5}{6}$ von $\square = 264$

i $\square$ von $45 = 15$

j $\square$ von $15 = 45$

k $\square$ von $1,44 = 1,96$

l $\square$ von $810 = 8\,910$

m $\frac{4}{3}$ von $\frac{3}{4}$ von $22 = \square$

n $\frac{7}{9}$ von $\frac{3}{4}$ von $72 = \square$

o $1\frac{5}{7}$ von $\frac{7}{6}$ von $14 = \square$

p $\frac{1}{14}$ von $\square$ von $25 = 2,5$

q $\square$ von $\frac{5}{3}$ von $72 = 136$

r $\square$ von $\frac{1}{3}$ von $17 = 3\frac{2}{9}$

s $\frac{7}{3}$ von $1\frac{1}{3}$ von $\square = \frac{13}{15}$

t $\frac{3}{5}$ von $\frac{5}{7}$ von $\square = 36$

u $\frac{1}{2}$ von $\square$ von $43 = 1$

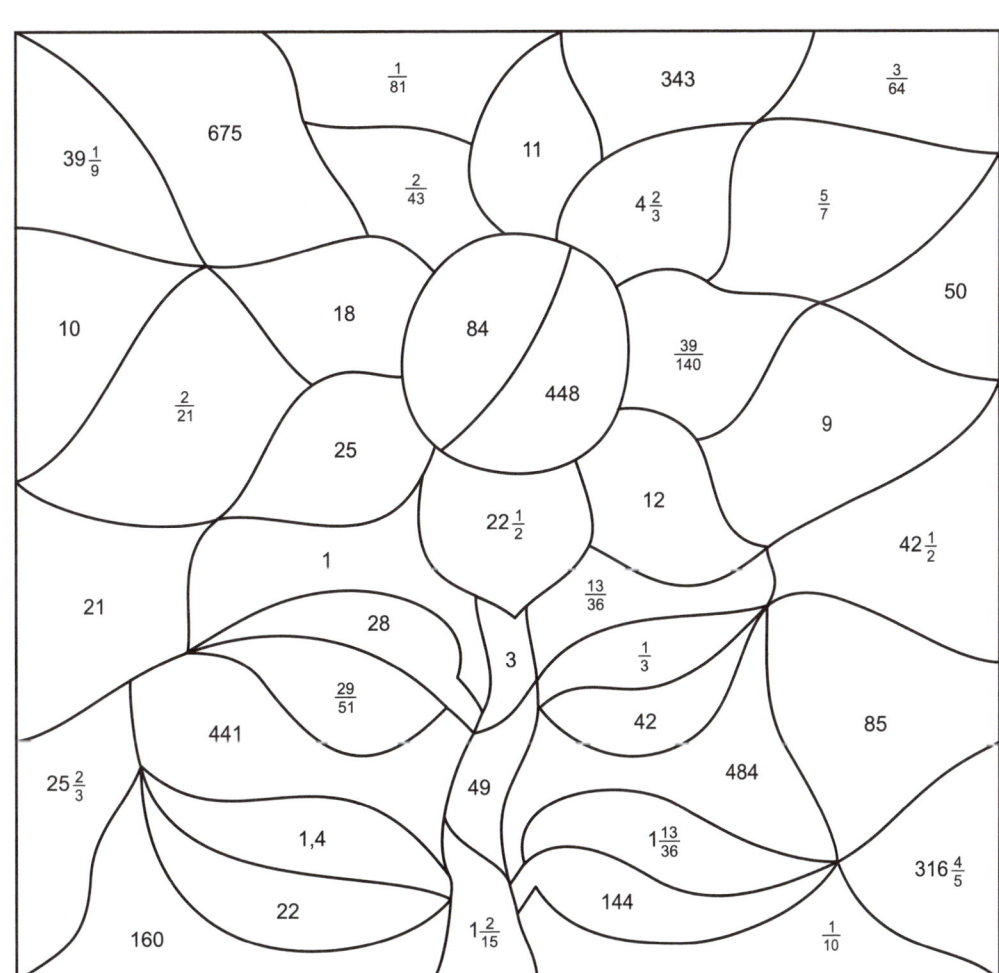

Vertiefe dein Wissen!

4 David möchte mit seiner Freundin in den Urlaub fahren. Er hat dafür in den letzten Monaten 1 200 € gespart. Für die Fahrtkosten muss er $\frac{1}{6}$ seines Ersparten aufbringen. 680 € zahlt er für die Unterkunft. Wie groß ist der Anteil bzw. der tatsächliche Betrag des Geldes, das er dann noch zur freien Verfügung hat?

5 Stefan war 150 Minuten im Erlebnisbad.
25 Minuten davon war er im Schwimmbecken, $\frac{5}{15}$ der Gesamtzeit war er im beheizten Außenbecken und die restliche Zeit auf den Rutschen.
Bestimme alle Anteile und die tatsächlichen Zeiten.

6

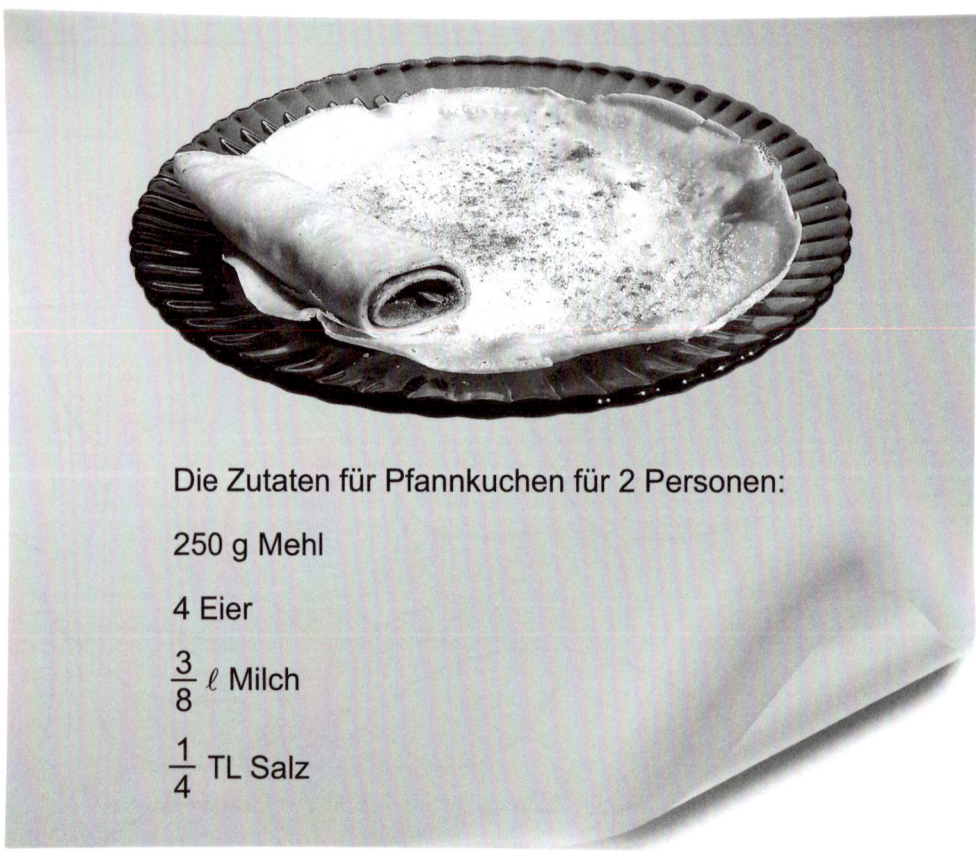

Die Zutaten für Pfannkuchen für 2 Personen:

250 g Mehl

4 Eier

$\frac{3}{8}$ ℓ Milch

$\frac{1}{4}$ TL Salz

Berechne die Zutatenmenge für 3, 4 und 5 Personen.

2   Prozentschreibweise

Lukas und Florian spielen in derselben Basketballmannschaft. Beim Angriff trifft Lukas $\frac{7}{10}$ seiner Würfe in den Korb und Florian nur die Hälfte. Man kann auch sagen, dass Lukas eine Trefferquote von 70 % hat und Florian 50 % seiner Würfe in den Korb trifft. Das bedeutet, dass Lukas bei 100 Versuchen durchschnittlich 70 Körbe wirft und Florian 50.

Da hier eine **gemeinsame Grundgröße** vorliegt, lassen sich die Treffer der beiden Basketballspieler gut vergleichen.

WISSEN

Anhand gemeinsamer Grundgrößen lassen sich Vergleiche zwischen unterschiedlichen Grundwerten anstellen. Häufig wählt man die gemeinsame **Grundgröße 100**. Als Schreibweise verwendet man den Begriff **Prozent** (von Hundert) und als Abkürzung das Zeichen „**%**".

Die Schreibweise mit dem Zeichen „%" stimmt mit einer Schreibweise als Bruch überein:

1 % bedeutet 1 von $100 = \frac{1}{100}$ (ein Hundertstel)

WISSEN

Das Prozentzeichen ist mit der Multiplikation der Zahl $\frac{1}{100}$ gleichzusetzen:
$1\% = 1 \cdot \frac{1}{100} = \frac{1}{100}$
Bei der **Umrechnung von Prozent in eine Dezimalzahl** wird das Komma um **zwei Stellen** nach links verschoben.
Umgekehrt wird das Komma bei der **Umrechnung von Dezimalzahl in Prozent** um **zwei Stellen** nach rechts verschoben.

Vertiefe dein Wissen!

In manchen Fällen wählt man die **gemeinsame Grundgröße 1 000**. Als Schreibweise verwendet man dann den Begriff **Promille** (von Tausend) und als Abkürzung das Zeichen „‰".

WISSEN

Das Promillezeichen ist mit der Multiplikation der Zahl $\frac{1}{1\,000}$ gleichzusetzen:

$$1\,‰ = 1 \cdot \frac{1}{1\,000} = \frac{1}{1\,000}$$

Bei der **Umrechnung von Promille in eine Dezimalzahl** wird das Komma um **drei Stellen** nach links verschoben.

Die **Umrechnung von Dezimalzahl in Promille** erfordert eine Verschiebung des Kommas um **drei Stellen** nach rechts.

BEISPIEL

a $\quad 19\,\% = 19 \cdot \frac{1}{100} = \frac{19}{100} = 0,19$

$\quad 19\,\% = 0,19$

Ersetze das Prozentzeichen durch $\frac{1}{100}$ oder verschiebe das Komma um **zwei** Stellen **nach links**.

b $\quad 0,25314 = 25,314\,\%$

Durch Verschiebung des Kommas um **zwei** Stellen **nach rechts** erhältst du die Größe in **Prozent**.

c $\quad \frac{7}{43} = 7 : 43$

$\quad\quad \approx 0,162791$

$\quad\quad = 16,2791\,\%$

Brüche werden durch **Division** in Dezimalbrüche und danach durch Kommaverschiebung in **Prozent** umgewandelt.

d $\quad 123\,‰ = 123 \cdot \frac{1}{1\,000}$

$\quad\quad = \frac{123}{1\,000}$

$\quad\quad = 0,123$

$\quad 123\,‰ = 0,123$

Ersetze das Promillezeichen durch $\frac{1}{1\,000}$ oder verschiebe das Komma um **drei** Stellen **nach links**.

e $\quad 1,34789 = 1347,89\,‰$

Durch Verschiebung des Kommas um **drei** Stellen **nach rechts** erhältst du die Größe in **Promille**.

f $\quad \frac{6}{910} = 6 : 910$

$\quad\quad \approx 0,0065934$

$\quad\quad = 6,5934\,‰$

Brüche werden durch **Division** in Dezimalbrüche und danach durch Kommaverschiebung in **Promille** umgewandelt.

Wichtige Prozentangaben und zugehörige Brüche zum Auswendiglernen:

WISSEN

$1\% = \frac{1}{100}$ $10\% = \frac{1}{10}$ $12,5\% = \frac{1}{8}$ $20\% = \frac{1}{5}$

$25\% = \frac{1}{4}$ $50\% = \frac{1}{2}$ $75\% = \frac{3}{4}$ $100\% = 1$

7 Verwandle Prozent- in Promilleangaben oder umgekehrt.

a 25 %

b 25 ‰

c 7,5 %

d 0,007 %

e 725 %

f 12 ‰

g 4,5 %

h 2,4 ‰

i 1 615 ‰

j 235 %

k 3 $\frac{1}{6}$ ‰

l 2 $\frac{1}{7}$ ‰

8 Gib als vollständig gekürzten Bruch und als Dezimalbruch an.

a 5 %   **b** 28 %   **c** 51 %

d 99 %   **e** 2 ‰   **f** 125 %

g 1,75 %   **h** 25 ‰   **i** $298\frac{1}{4}$ ‰

j $2\frac{1}{3}$ %   **k** 0,00013 ‰   **＊l** $42,\overline{6}$ ‰

9 Gib die Brüche bzw. Dezimalbrüche in Prozent- und Promilleschreibweise an.

a $\frac{11}{50}$ **b** $2\frac{1}{4}$ **c** 1,58

d $\frac{9}{5}$ **e** $\frac{5}{9}$ **f** $\frac{8}{6}$

10 In jeder Pyramide stehen dieselben Werte.
Ordne jeder Angabe in Prozent bzw. Promille einen Dezimalbruch und einen
Bruch zu.

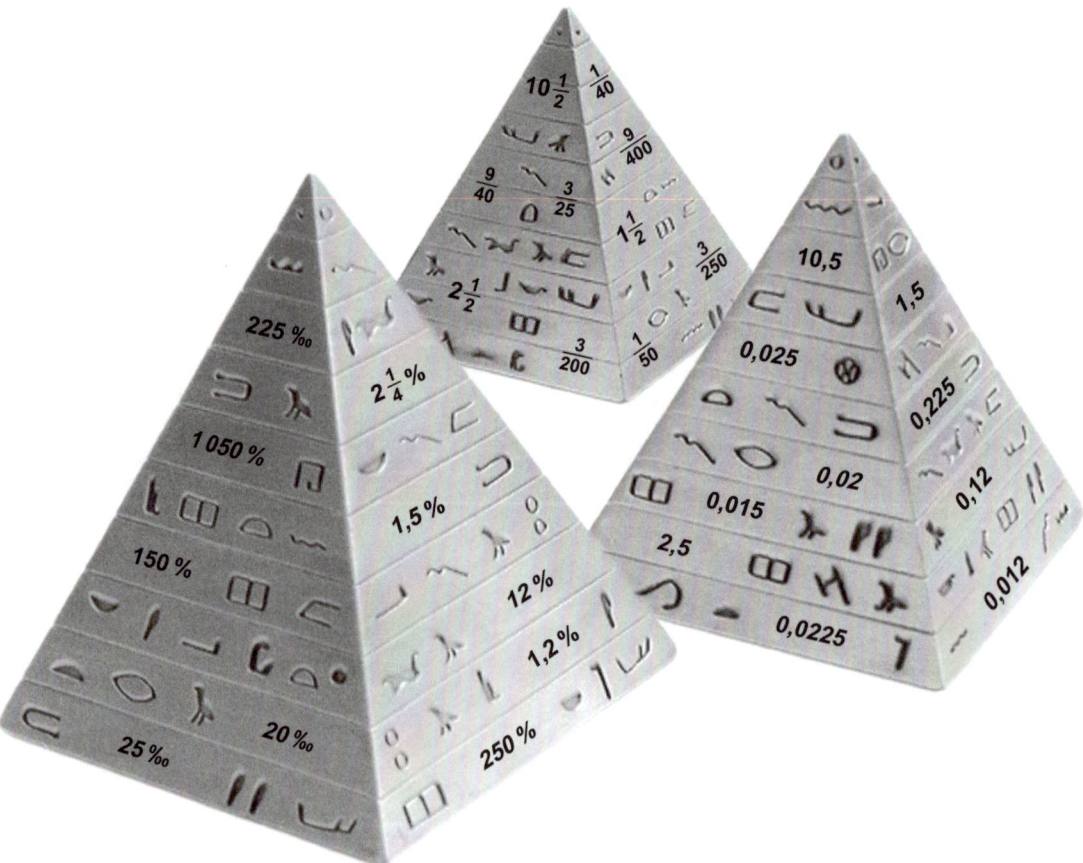

11 In dieser Saison hat die Jugendmannschaft des FC Burgstadt trotz ihres intensiven Trainings 65 % ihrer Spiele verloren. Ein Fünftel der Spiele ging immerhin unentschieden aus.
Bestimme alle Anteile für Siege, Unentschieden und Niederlagen in Bruch-, Dezimalbruch- und Prozentschreibweise.

12 Beim Musiklehrer Armin können die Schüler zwischen drei verschiedenen Musikinstrumenten wählen, die sie lernen möchten. Gitarre wird von dreimal so vielen Schülern wie Klavier gewählt. Für die Blockflöte haben sich genauso viele Schüler wie für die anderen beiden Instrumente zusammen entschieden.
Berechne die prozentualen Anteile der einzelnen Instrumente.

13 Paul hat einen festen Geldbetrag zum Anlegen. Er holt sich bei vier verschiedenen Banken Zinsangebote ein:

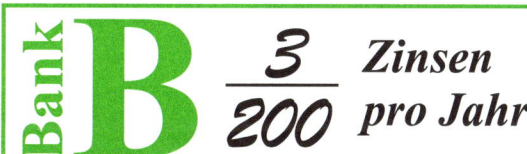

BANK A 2% Zinsen pro Jahr

Bank B $\frac{3}{200}$ Zinsen pro Jahr

Bank C Das **1,025-Fache** des eingezahlten Betrags wird nach einem Jahr ausbezahlt.

Bank D $(0,13)^2$ Zinsen pro Jahr

Mit welchem Angebot fährt Paul am besten?

14 Ordne folgende Zahlen der Größe nach. Beginne mit der kleinsten.

a $15\,\%$; $170\,\%_0$; $\frac{15}{90}$; $0{,}16$

b $(725\,\%)^2$; $\frac{725^2}{1\,\%}$; $725\,\%_0 \cdot 10^2$; $(81{,}3\,\%)^3$

c $\frac{1\,\%_0 \cdot 1\,\%}{(1\,\%)^2}$; $(1\,\%_0)^2 \cdot 1\,\%$; $(1\,\%_0 \cdot 1\,\%)^2$; $1\,\%^2 \cdot 1\,\%_0$

Vertiefe dein Wissen!

3 Grundwert – Prozentsatz – Prozentwert

Laura führt eine Befragung ihrer Mitschüler darüber durch, wie sie zur Schule kommen. 60 % von den 30 Mädchen und Jungen ihrer Klasse fahren mit dem Bus. Das sind 18 Schüler. 9 Kinder gehen zu Fuß zur Schule. Dies macht einen Anteil von 30 % aus.

Egal, welche Aufgabe zur Prozentrechnung vor einem liegt, es geht immer um die folgenden drei Begriffe:

In allen Aufgaben sind davon zwei Größen gegeben und die dritte ist zu berechnen.

WISSEN

- Der **Grundwert** entspricht dem Ganzen, d. h. **100 %**.
- Der **Prozentsatz** entspricht dem Anteil am Ganzen, d. h. am Grundwert, und wird in **Prozent** angegeben.
- Der **Prozentwert** ist der Teil des Grundwertes, der dem prozentualen Anteil entspricht.

BEISPIEL

a Im letzten Jahr machten im Anne-Frank-Gymnasium 140 Schüler Abitur. 20 % davon hatten einen Notendurchschnitt zwischen 1,0 und 1,8 und erhielten einen Buchpreis als Anerkennung. Insgesamt haben 28 Schüler ein Buch erhalten.
Ordne die Fachbegriffe zu.

Lösung:
Der **Grundwert** entspricht dem Ganzen, d. h. **140 Schülern**.
Der **Prozentsatz** ist **20 %**.
Der **Prozentwert** entspricht dem Anteil vom Grundwert, d. h. **28 Schülern, die ein Buch erhalten**.

Vertiefe dein Wissen!

b Fülle die folgende Tabelle aus.

Prozentsatz	Grundwert	Prozentwert
20 %	150	
50 %		35
	60	15

Lösung:
Gesucht ist der **Prozentwert**:

$20\,\% \text{ von } 150 = 20\,\% \cdot 150$ $\qquad$ $20\,\% = \frac{1}{5}$

$\phantom{20\,\% \text{ von } 150} = \frac{1}{5} \cdot 150$

$\phantom{20\,\% \text{ von } 150} = \mathbf{30}$

Gesucht ist der **Grundwert**:

$50\,\% \text{ von } \square = 35$ $\qquad$ $\square$ ist der Platzhalter für die gesuchte Größe.

$\quad 50\,\% \cdot \square = 35$ $\qquad$ $50\,\% = \frac{50}{100} = \frac{1}{2}$

$\quad\; \frac{1}{2} \cdot \square = 35$ $\qquad$ Welche Zahl ergibt mit $\frac{1}{2}$ multipliziert 35?

$\qquad\quad \square = 35 : \frac{1}{2}$

$\qquad\quad \square = 35 \cdot \frac{2}{1}$

$\qquad\quad \square = \mathbf{70}$

Gesucht ist der **Prozentsatz**:

$\square \text{ von } 60 = 15$

$\quad \square \cdot 60 = 15$ $\qquad$ Welche Zahl mit 60 multipliziert ergibt 15?

$\qquad \square = \frac{15}{60}$

$\qquad \square = \frac{1}{4}$

$\qquad \square = \mathbf{25\,\%}$

Damit erhält man die ausgefüllte Tabelle:

Prozentsatz	Grundwert	Prozentwert
20 %	150	**30**
50 %	**70**	35
25 %	60	15

Vertiefe dein Wissen!

c Familie Meier hat ihre alten Elektrogeräte durch neue energiesparende Modelle ersetzt. Dadurch ist ihre Stromrechnung um 30 % niedriger als vorher. Früher betrug die monatliche Überweisung 200 €.
Wie viel spart Familie Meier monatlich?

Lösung:

Der **Prozentsatz** beträgt **30 %**. Der **Grundwert** ist **200 €**. Damit lässt sich der **Prozentwert** berechnen:

30 % von 200 € = 30 % · 200 € = 0,3 · 200 € = 60 €

Pro Monat spart Familie Meier 60 €.

15 Ordne die Begriffe Prozentwert, Grundwert und Prozentsatz in den folgenden Aufgaben zu.

a 60 % von 85 € ist 51 €.

b 175 % von 68 kg ist 119 kg.

c 8 von 24 Schülern in der Klasse sind fehlsichtig, das entspricht einem Anteil von $33\frac{1}{3}$ %.

d 12 % der Schüler der Klasse 7c haben in dem letzten Mathe-Test die Note 1 erhalten. 25 Schüler besuchen die Klasse 7c. Drei Schüler hatten die Note 1.

16 Ergänze die Tabelle.

	Prozentsatz	Grundwert	Prozentwert
a	50 %	12	
b	10 %	80	
c	1 %		70
d	50 %		84
e	60 %		60
f		1 000	100
g		86	43
h		500	1 500

Vertiefe dein Wissen!

17 Ordne die Begriffe Prozentwert, Prozentsatz und Grundwert zu und berechne anschließend die fehlende Größe.

a Christian ist Biathlet. Er schießt in einem Wettkampf 20-mal auf die Zielscheiben. 80 % der Scheiben trifft er.
Bestimme die Anzahl der Treffer.

b Im Schwimmwettkampf dürfen die besten 25 % nach dem Vorlauf im Halbfinale teilnehmen. Für das Halbfinale werden 16 Bahnen belegt.
Wie viele Schwimmer nahmen am Vorlauf teil?

c Die Klasse 7c verkauft beim Schulfest Crêpes. Von den 500 € Einnahmen darf die Klasse 100 € für die Klassenkasse behalten.
Wie groß ist der prozentuale Anteil des Geldes für die Klassenkasse an den Gesamteinnahmen?

 **Test 1**

1 Gib die Brüche bzw. Dezimalbrüche in Prozent- und Promilleschreibweise an.

a 0,17

b $\frac{1}{6}$

c $2\frac{1}{5}$

___ von 6 **d** $1\frac{5}{9}$

e $\frac{1}{16}$

f $\frac{1}{25}$ von 80

2 a Welcher Bruchteil dieser Figuren ist jeweils eingefärbt?

 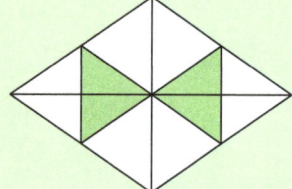

___ von 8 **b** Veranschauliche mithilfe eines Kreises und eines Rechtecks den Bruchteil $\frac{3}{20}$.

3 Berechne die fehlenden Werte:

a $\frac{7}{8}$ von 64 = ☐

b $\frac{1}{3}$ von ☐ = 510

___ von 8 **c** ☐ von 72 = 18

d ☐ von $\frac{1}{3}$ von 19 = $2\frac{8}{15}$

4 Ein Tag hat 24 Stunden. $\frac{3}{8}$ der Zeit verbringt Lara im Bett und 5 Stunden in der Schule. 25 % des Tages ist sie auf dem Schulweg, beim Essen und bei den Hausaufgaben. Die restliche Zeit hat Lara für sich.

___ von 8 Berechne jeweils die Zeit, den Anteil und den prozentualen Anteil.

5 Der Bus zum Erich-Kästner-Gymnasium hat 50 Sitzplätze. 61 Schüler haben eine Mitfahrerlaubnis.

Wie groß ist der prozentuale Anteil der Schüler mindestens, die pro Tag nicht mit

___ von 4 dem Bus fahren, falls die Anzahl der Sitze ausreichen sollte?

34 bis 24	23 bis 14	13 bis 0

So lange habe ich gebraucht: _____

So viele Punkte habe ich erreicht: _____

Teste dein Wissen!

 **Test 2**

1 Gib als vollständig gekürzten Bruch und als Dezimalbruch an.

___ von 8 **a** 12,5 %   **b** 130 %   **c** 27 ‰   **d** $5\frac{1}{3}$ ‰

2 Welcher Bruchteil dieser Figuren ist eingefärbt?

___ von 3 **a** 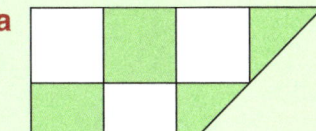   **b**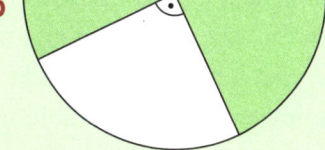

3 Berechne die fehlenden Werte:

a ☐ von 81 = 135   **b** $\frac{5}{7}$ von ☐ = 240

___ von 8 **c** $\frac{1}{9}$ von 243 = ☐   **d** $\frac{1}{2}$ von $\frac{1}{3}$ von ☐ = 24

4 Das Stadtkino hat drei Kinosäle. 30 % der Besucher sind in Kino A, drei Fünftel in Kino B, der Rest schaut den Film in Kino C an.

a Bestimme alle Anteile an der Gesamtzahl der Kinobesucher in Bruch-, Dezimal- und Prozentschreibweise.

b Insgesamt sind 450 Besucher im Kino.
Ordne die Begriffe Prozentsatz, Grundwert und Prozentwert zu und berechne

___ von 11 die Besucherzahlen in den einzelnen Kinosälen.

5 Alle Klassen am Tallendorfer Gymnasium haben weniger als 30 Schüler. In der 9a sind $\frac{1}{3}$ der Schüler Jungs und $\frac{3}{7}$ der Schüler haben den sprachlichen Zweig gewählt.

a Wie groß ist der prozentuale Anteil der Mädchen in dieser Klasse?

___ von 6 **b** Wie viele Schüler sind in der Klasse?

| 36 bis 26 | 25 bis 15 | 14 bis 0 |

So lange habe ich gebraucht: _____

So viele Punkte habe ich erreicht: _____

Teste dein Wissen!

Grundlagen des Prozentrechnens

1 Prozentsatz

Lea möchte unbedingt Klassensprecherin werden. Allerdings benötigt der Klassensprecher bei der Wahl mindestens 51 % aller Stimmen. Bei der Auszählung ergibt sich, dass 16 von 28 Schülern Lea gewählt haben. Reichen ihr diese Stimmen für den Sieg? Um diese Frage zu beantworten, muss der Prozentsatz ihrer Stimmen an allen abgegebenen Stimmen berechnet werden.

WISSEN ─────────────────────────

Der **Prozentsatz** beschreibt den Bruchteil vom Ganzen. Die Angabe erfolgt in der Einheit **%**.

BEISPIEL

a Berechne den Prozentsatz für „25 m von 125 m".

Lösung:
Der **Prozentsatz** beschreibt immer einen **Anteil**, der sich als **Bruch** darstellen lässt:

$$25\text{ m }\textbf{von 125 m} = \frac{25\text{ m}}{125\text{ m}}$$
$$= \frac{25}{125}$$
$$= \frac{1}{5}$$
$$= 0,2$$
$$= 20\text{ %}$$

Zuerst muss man sich über **das Ganze** klar werden. Bei dieser Aufgabe verrät das Wort „**von**", dass es sich bei dem **zweiten Wert** um das Ganze handelt. Dieser Wert kommt in den **Nenner**.

b Der Mitgliedsbeitrag im Sportverein wird von 130 € auf 145 € erhöht. Berechne die prozentuale Änderung des Beitrags.

Lösung:

Die prozentuale Änderung von 130 € auf 145 € wird ebenso durch die Bildung eines **Bruchs** berechnet.

$$\frac{145\,€}{130\,€} = \frac{145}{130} = \frac{29}{26} \approx 1{,}115 = 111{,}5\,\%$$

Auch hier steht vor dem **Anfangswert** das Wort „von". Dieser Wert kommt in den **Nenner**.

145 € machen also 111,5 % von 130 € aus.

Da nach der **prozentualen Änderung** gefragt ist, muss der **Unterschied zu 100 %** berechnet werden.

Dazu wird die Differenz gebildet:

$$111{,}5\,\% - 100\,\% = 11{,}5\,\%$$

Der Prozentwert ist größer als der Grundwert.

Der **neue Wert** ist **größer**. Der Mitgliedsbeitrag ist daher um 11,5 % **gestiegen**.

c Emma kauft sich ein neues Auto. Bei ihrem alten Auto hat sie 11 ℓ pro 100 km verbraucht, bei ihrem neuen sind es nur noch 7 ℓ. Berechne die prozentuale Änderung.

Lösung:

Die prozentuale Änderung wird wieder mithilfe eines **Bruchs** berechnet.

$$\frac{7\,\ell}{11\,\ell} = \frac{7}{11} \approx 0{,}636 = 63{,}6\,\%$$

Der Verbrauch ist **von 11 ℓ** auf 7 ℓ gesunken.

7 ℓ machen 63,6 % von 11 ℓ aus.

Es wird der Unterschied zu 100 % berechnet:

$$100\,\% - 63{,}6\,\% = 36{,}4\,\%$$

Der Prozentwert ist kleiner als der Grundwert.

Der **neue Wert** ist **kleiner**. Der Verbrauch ist daher um 36,4 % **gesunken**.

Vertiefe dein Wissen!

18 Berechne den jeweiligen Prozentsatz auf eine Dezimale genau. Überprüfe deine Lösung, indem du den berechneten Prozentsatz im Schaufenster suchst.

a 13 von 13 **b** 12 von 100

c 13 von 57 **d** 34 von 97

e 72 von 74 **f** 21 von 34

g 80 kg von 179 kg **h** 25 min von 2 h

19 Berechne die prozentuale Änderung auf eine Dezimale genau:

a von 51 auf 68 **b** von 53 auf 106

c von 100 auf 134 **d** von 24 auf 24

e von 120 auf 55 **f** von 72 auf 36

g von 30 kg auf 130 kg **h** von 70 € auf 90 €

i von 350 g auf 2,45 kg **j** von 4,5 cm^2 auf 0,2 dm^2

k von 65 min auf 1,2 h **l** von 250 dm^3 auf 1 m^3

20 Bei der Schülersprecherwahl am Goethe-Gymnasium haben die Kandidaten jeweils die folgende Stimmenanzahl erhalten:

Abgegebene Stimmen	907
Stimmen für Niklas	137
Stimmen für Laura	282
Stimmen für Felix	488

a Berechne die prozentualen Anteile der Stimmen der einzelnen Kandidaten.

b Zeichne ein Säulen- und ein Kreisdiagramm für diese Wahl.

21 Der Bürgermeister der Gemeinde Mühldorf wird neu gewählt. Von den 4 561 Wahlberechtigten wurden die folgenden Stimmen vergeben:

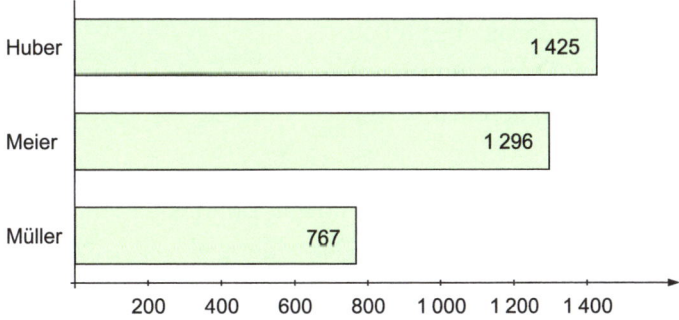

Berechne, wie viel Prozent der Stimmen jeder Kandidat erhalten hat und wie hoch die Wahlbeteiligung war.

Vertiefe dein Wissen!

WISSEN

Der **Anteil eines Anteils** wird durch Multiplikation berechnet.

BEISPIEL

Berechne den gesamten Prozentsatz bei 40 % von 30 %.

Lösung:

40 % **von** 30 % = 40 % · 30 %
$$= \mathbf{0{,}40 \cdot 0{,}30}$$
$$= 0{,}12$$
$$= \mathbf{12\ \%}$$

Ersetze „**von**" durch ein **Malzeichen** und wandle die Prozentzahlen in Dezimalzahlen um. Wandle das Ergebnis in eine Prozentzahl um.

22 Berechne den gesamten Prozentsatz aus zwei einzelnen Prozentsätzen.

a 60 % von 80 %

b 15 % von 20 %

c 23 % von 23 %

d 18 ‰ von 18 %

e 1,5 ‰ von 15 ‰

f 1 436 % von 15 245 %

23 Nächstes Jahr erhält Leons Vater eine Gehaltserhöhung in zwei Stufen. Am 1. Januar wird sein Gehalt um 1,9 % und am 1. Juli um weitere 1,5 % erhöht.

a Berechne die gesamte prozentuale Gehaltserhöhung im nächsten Jahr.

b Erkläre die Abweichung von der Summe 1,9 % + 1,5 % = 3,4 %.

24 Am Gymnasium Grünstetten haben 60 % aller Schüler am Dienstag Nachmittagsunterricht. Von diesen Schülern essen 20 % in der Mensa zu Mittag.
Wie hoch ist der Prozentsatz bezüglich aller Schüler, die am Dienstagnachmittag die Mensa in Anspruch nehmen?

25 Herr Wolf ist ein geschickter Geschäftsmann. Beim Kauf eines neuen Autos handelt er sowohl 10 % Rabatt wegen Barzahlung als auch 15 % Rabatt heraus, da er zum zehnten Mal ein neues Auto bestellt. Der Verkäufer zieht zuerst 10 % und anschließend 15 % Rabatt ab.

a Macht es Sinn, diese Reihenfolge umzudrehen?

b Warum werden nicht insgesamt 25 % abgezogen?

Vertiefe dein Wissen!

TIPP

*Der Prozent-
wert kann auch
mit P bezeichnet
werden.*

Die Zusammenhänge in der Prozentrechnung lassen sich auch allgemein durch eine Formel darstellen. Für **Prozentwert W**, **Grundwert G** und **Prozentsatz p** gilt der folgende Zusammenhang:

$$W = p \cdot G$$

Der Prozentsatz p beschreibt dabei den Anteil am Ganzen und wird als Bruch mit dem Nenner 100 bzw. als Prozentzahl geschrieben (z. B. $p = \frac{15}{100} = 0{,}15 = 15\ \%$).

Diese Gleichung kann nach dem Prozentsatz p aufgelöst werden.

$$W = p \cdot G \qquad | : G$$

$$\frac{W}{G} = p$$

$$p = \frac{W}{G}$$

WISSEN

Der Prozentsatz wird mit der folgenden Formel berechnet:

$$p = \frac{W}{G}$$

BEISPIEL

Tim möchte in den Sommerferien oft ins Freibad gehen. Die Zehnerkarte kostet 22 €, die Einzelkarte 2,50 €. Wie groß ist der prozentuale Anteil vom Preis der Zehnerkarte im Vergleich zum Preis von 10 Einzelkarten? Wie viel Prozent spart sich Tim beim Kauf der Zehnerkarte?

Lösung:

Zuordnung der Begriffe Prozentwert, Grundwert und Prozentsatz:

22 €	→ Prozentwert **W**
2,50 € · 10 = **25 €**	→ Grundwert **G** (entspricht 100 %)
gesucht	→ Prozentsatz p

Einsetzen der entsprechenden Werte in die Formel $p = \frac{W}{G}$:

$$p = \frac{22\ €}{25\ €} = 0{,}88 = 88\ \%$$

Die Zehnerkarte kostet 88 % des Preises der zehn Einzelkarten. Tim spart sich also 12 %, wenn er die Zehnerkarte kauft.

Vertiefe dein Wissen!

26 Berechne den jeweiligen Prozentsatz auf eine Dezimale genau.

a 47 von 13

b 38 von 19

c 65 € von 87 €

d 250 g von 1,55 kg

e 35 mm² von 0,1 dm²

f 450 ℓ von 1 m³

27 In der Klasse 7b sind 32 Schüler. 24 davon gehen auf die geplante Klassenparty. Wie viel Prozent sind das?

28 Dennis interessiert sich für das Gewicht einiger Tiere. Um sich das Gewicht besser vorstellen zu können, vergleicht er es mit seinem eigenen Gewicht. Auf der Waage stellt er fest, dass er 50 kg wiegt.
Berechne die jeweiligen Prozentsätze, die das Gewicht der Tiere an dem Gewicht von Dennis ausmachen.

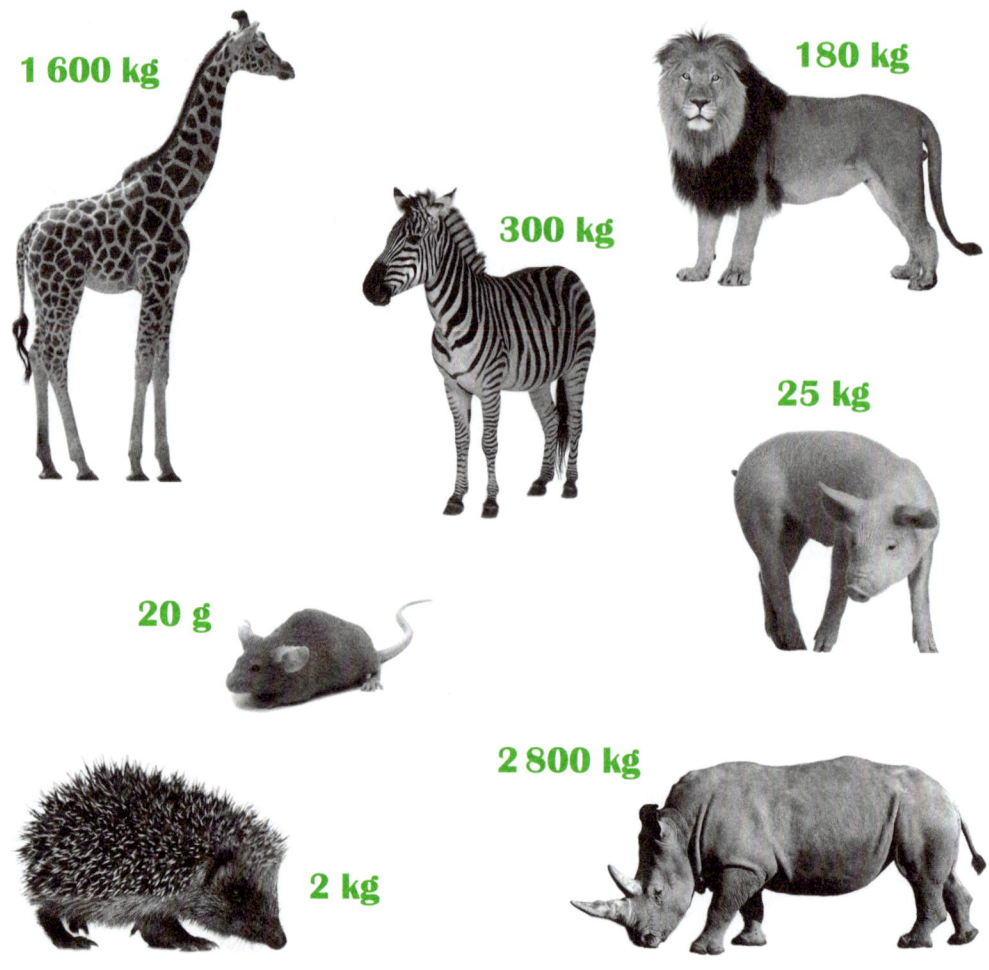

1 600 kg

180 kg

300 kg

25 kg

20 g

2 800 kg

2 kg

29 Die Firma „goodideaAG" hat sehr gute Quartalszahlen veröffentlicht. Der Wert der Aktie steigt im Laufe des Tages um 8 %. Am darauffolgenden Tag geht der Kurs der Aktie wegen der allgemeinen Marktlage wieder um 8 % zurück. Welchen Wert hat die Aktie am Ende des zweiten Tages im Vergleich zum Beginn des ersten Tages? Begründe deine Antwort ohne Rechnung.

30 Die wöchentlich erscheinende Zeitung „Schöne Mathematik" kostet am Kiosk 3,80 €. Ein Angebot des Verlags bietet die Zeitung für 165 € im Jahresabonnement an.

TIPP
Ein Jahr hat 52 Wochen.

a Wie groß ist die prozentuale jährliche Ersparnis im ersten Jahr?

b Berechne die prozentuale Ersparnis nach zwei Jahren.

31 Ein Garten in Form eines gleichseitigen Dreiecks mit der Seitenlänge a soll so vergrößert werden, dass die Grundform erhalten bleibt. Die Seitenlängen werden jeweils um 45 % erhöht.

TIPP
Die Höhe eines gleichseitigen Dreiecks beträgt etwa 0,87a.

a Um wie viel Prozent erhöht sich der Umfang des gleichseitigen Dreiecks?

b Um wie viel Prozent erhöht sich der Flächeninhalt des Gartens?

2 Prozentwert

Jakob wünscht sich ein Trampolin. Dazu lässt er sich von allen Freunden und Verwandten Geld schenken. Er bekommt 280 € zusammen. Das Trampolin seiner Wahl kostet 319 €. Jakob entdeckt ein Ausstellungsstück, für das er nach zähen Verhandlungen nur noch 90 % des ursprünglichen Preises zahlen muss. Reicht sein Geld dafür aus?

Der hier zu bezahlende Preis entspricht mathematisch dem **Prozentwert**.

WISSEN

Der **Prozentwert** beschreibt den Teil vom Ganzen, d. h. vom Grundwert. Die Angabe erfolgt in der Einheit des Grundwertes.

BEISPIEL

a Berechne den Prozentwert für „90 % von 319 €".

Lösung:

Der Wert **319 €** entspricht dem **Ganzen**, d. h. dem **Grundwert**. Dies sind also 100 %.

$$90 \text{ % von } 319 \text{ €} = 90 \text{ %} \cdot 319 \text{ €}$$
$$= 0{,}90 \cdot 319 \text{ €}$$
$$= 287{,}10 \text{ €}$$

Das Wort „**von**" wird durch das Rechenzeichen „·" ersetzt.

Jakobs Geld reicht nicht aus. Er muss zusätzlich 7,10 € auftreiben.

b Berechne aus der prozentualen Änderung und dem gegebenen Grundwert jeweils den Prozentwert:

Zunahme um 30 % für 90 €
Abnahme um 25 % für 36 €

Lösung:

Der Wert **90 €** entspricht dem Ganzen und ist damit der **Grundwert**.
Die **Zunahme um 30 %** führt zu folgendem Prozentsatz:
$$100 \text{ %} + 30 \text{ %} = 130 \text{ %}$$
Damit folgt für den Prozentwert:
$$\textbf{130 %} \text{ von } 90 \text{ €} = 130 \text{ %} \cdot 90 \text{ €} = 117 \text{ €}$$

Vertiefe dein Wissen!

Der Wert **36 €** entspricht dem Ganzen und ist damit der **Grundwert**.
Die **Abnahme um 25 %** führt zu folgendem Prozentsatz:
$100\,\% - 25\,\% = 75\,\%$
Damit folgt für den Prozentwert:
75 % von 36 € = 75 % · 36 € = 27 €

c Die BahnCard 25 der Deutschen
Bahn führt zu einem 25 %igen
Rabatt auf jede Bahnfahrt. Fährt
man von München nach Nürnberg,
zahlt man ohne Rabatt 52 €.
Wie viel kostet die Fahrt nach Nürn-
berg mit der Verwendung der Bahn-
Card 25?

Lösung:
25 % ist der **Prozentsatz**, **52 €** der **Grundwert** und der gesuchte Fahrpreis
der Prozentwert.

Möglichkeit 1:
Der **Preisnachlass** 25 % von 52 € beträgt:
$0,25 \cdot 52\,€ = 13\,€$
Der **reduzierte Fahrpreis** wird durch die **Differenz** berechnet:
$52\,€ - 13\,€ = 39\,€$

Möglichkeit 2:
Man kann den **Prozentsatz verringern**. 25 % Preisnachlass bedeutet den
eigentlichen Prozentsatz:
$100\,\% - 25\,\% = 75\,\%$ Der **Grundwert** mit **52 €** bleibt der
$75\,\%$ von 52 € = 0,75 · 52 € = 39 €   gleiche, der **Prozentsatz** lautet nun **75 %**.
Mit der Verwendung der BahnCard 25 kostet die Fahrt nach Nürnberg 39 €.

32 Berechne den jeweiligen Prozentwert.

a 18 % von 90

b 27 % von 54

c 35 % von 100

d 75 % von 125 kg

e 30 % von 6 h

f 3,5 ‰ von 5,0 ℓ

Vertiefe dein Wissen!

33 Berechne aus der prozentualen Änderung und dem gegebenen Grundwert den Prozentwert auf zwei Dezimalen genau.

a Zunahme um 20 % für 67 €   **b** Zunahme um 80 % für 90 €

c Zunahme um 100 % für 150 €   **d** Zunahme um 150 % für 75 €

e Zunahme um 300 % für 88 €   **f** Zunahme um 1 000 % für 77 €

g Abnahme um 10 % für 123 €   **h** Abnahme um 25 % für 65 €

i Abnahme um 30 % für 55 €   **j** Abnahme um 50 % für 28 €

k Abnahme um 85 % für 1 000 €   **l** Abnahme um 100 % für 234 €

34 Begründe, dass prozentuale Abnahmen von über 100 % nicht sinnvoll sind.

Der Prozentwert lässt sich direkt mit der allgemeinen Formel berechnen.

WISSEN

Der Prozentwert wird mit der folgenden Gleichung berechnet:
$W = p \cdot G$

BEISPIEL

Vollmilchschokolade besteht zu 47,2 % aus Zucker.
Wie viel Gramm Zucker sind in 30 g Schokolade enthalten?

Lösung:
Zuordnung der Begriffe Prozentwert, Grundwert und Prozentsatz:

30 g → Grundwert **G** (entspricht 100 %)

47,2 % → Prozentsatz **p**

gesucht → Prozentwert W

Einsetzen der Werte in $W = p \cdot G$ ergibt:

$W = $ **47,2 % · 30 g**

$\quad = $ **0,472** $\cdot 30$ g

$\quad = 14,16$ g

Wandle die Prozentzahl in eine Dezimalzahl um.

30 g Schokolade enthalten 14,16 g Zucker.

35 Berechne den jeweiligen Prozentwert auf eine Dezimale genau.

a 100 % von 25

b 80 % von 65

c 500 % von 30

d 150 % von 1,75 kg

e 4,5 % von 125 000 €

*f 1 250 ‰ von 575 m²

36 In einer Schüssel liegen 50 Gummibärchen, von denen 30 % gelb sind.
Wie viele gelbe Gummibärchen sind es insgesamt?

37 Familie Schmidt braucht ein neues Familienauto. Das Autohaus hat ein Auto im
Wert von 22 000 € im Angebot. Vater Schmidt ist ein Stammkunde und erhält
12 % Rabatt. Weitere 2 % Nachlass bekommt er für seine unkomplizierte Barzahlung.
Berechne den zu bezahlenden Preis für die angegebenen Rabattreihenfolgen:

a zuerst 12 %, dann 2 %

b zuerst 2 %, dann 12 %

c insgesamt 14 %

d Beschreibe und interpretiere die Ergebnisse aus den Teilaufgaben a bis c.

38 Peters Sportschuhe sind wieder mal zu klein.
Er geht in ein Sportgeschäft und sucht sich ein
Paar Fußballschuhe aus. Dieses ist mit dem
Preis 74 € ausgezeichnet. Das Sportgeschäft
macht eine Aktion, bei der auf jedes Paar
Schuhe 15 % Rabatt gewährt wird.

a Wie viel kosten die Schuhe für Peter?

b Peter fällt ein, dass er Spieler des FC Weidenhausen ist. Das Sportgeschäft gibt
für die Spieler dieses Vereins zusätzlich 20 % Rabatt auf jeden Artikel.

Bewerte ohne Rechnung folgende Varianten:

(1) Zuerst 15 %, dann 20 % Rabatt auf 74 €.

(2) Zuerst 20 %, dann 15 % Rabatt auf 74 €.

(3) 35 % Rabatt auf 74 €.

c Berechne die Endpreise aus Aufgabe b.

Vertiefe dein Wissen!

3 Grundwert

Im Mai 2005 wurde die Allianz Arena in München eröffnet. Bei Heimspielen des FC Bayern wird den gegnerischen Fans ein Kartenkontingent von 7 100 Karten zur Verfügung gestellt, das sind 10 % der gesamten Zuschauerkapazität.

Die Anzahl der Plätze in der Allianz Arena lässt sich berechnen, indem man zuerst die Zuschauerzahl **auf 1 % herunterrechnet** und das Ergebnis danach **mit 100 multipliziert**. Mathematisch berechnet man den **Grundwert**.

WISSEN

Der **Grundwert** ist das Ganze. Der prozentuale Anteil bzw. der zugehörige Prozentsatz beträgt **100 %**.

BEISPIEL

a 65 % sind 235 m^2.
Berechne den Grundwert auf eine Dezimale genau.

Lösung:
Der Prozentwert wird auf **1 %** heruntergerechnet:
235 m^2 **: 65** ≈ 3,615 m^2
Das Ergebnis wird mit **100** multipliziert. Damit erhält man **das Ganze**:
3,615 m^2 **· 100** = 361,5 m^2

b Beim Kauf eines neuen Jugendzimmers werden 235 € angezahlt, das entspricht einem Anteil von 15 % vom Gesamtpreis.
Wie viel kostet das neue Jugendzimmer?

Lösung:
235 € entspricht dem Anteil **15 %**. Der Gesamtpreis entspricht dem Grundwert, der zu berechnen ist.

235 € $\cdot \dfrac{\mathbf{100}}{\mathbf{15}} = \dfrac{23\,500}{15}$ € ≈ 1 566,67 €

Das Jugendzimmer kostet insgesamt etwa 1 567 €.

Es muss **durch 15 dividiert** und **mit 100 multipliziert** werden. Das bedeutet insgesamt eine Multiplikation des Prozentwertes 235 € mit $\frac{100}{15}$.

39 Berechne den jeweiligen Grundwert auf eine Dezimale genau.

a 30 % sind 80

b 45 % sind 69

c 150 % sind 200

d 20 % sind 130 kg

e 145 % sind 200 €

f 1 250 % sind 10 m³

40 Der Obsthändler in der Großmarkthalle erhält eine Lieferung Bananen. 2 % der Lieferung, das sind 15 kg, sind verdorben.
Wie groß war die Lieferung?

Auch der Grundwert lässt sich mithilfe der allgemeinen Formel berechnen. Dafür wird die Formel nach dem Grundwert aufgelöst:

$W = p \cdot G \quad | : p$

$W : p = G$

$G = \dfrac{W}{p}$

WISSEN

Der Grundwert wird mit der folgenden Gleichung berechnet:

$G = \dfrac{W}{p}$

BEISPIEL

Bei der letzten Kommunalwahl hat der neue Bürgermeister 4 571 Stimmen erhalten. Dies entsprach 54 % der abgegebenen gültigen Stimmen.
Wie viele Bürger haben ihre Stimme gültig abgegeben?

Lösung:
Zuordnung der Begriffe Prozentwert, Grundwert und Prozentsatz:
4 571 Stimmen   → Prozentwert **W**
54 %   → Prozentsatz **p**
gesucht   → Grundwert G

Vertiefe dein Wissen!

Einsetzen der entsprechenden Werte in $G = \dfrac{W}{p}$ ergibt:

$G = \dfrac{4\,571}{54\,\%}$

$= \dfrac{4\,571}{\frac{54}{100}}$

$= 4\,571 \cdot \dfrac{100}{54}$

$\approx 8\,465$

Es ist hilfreich, die Prozentzahl in einen Bruch umzuwandeln.

Man dividiert durch einen Bruch, indem man mit dem Kehrbruch multipliziert.

Bei der Kommunalwahl gaben 8 465 Bürger eine gültige Stimme ab.

41 Berechne den jeweiligen Grundwert auf eine Dezimale genau.

a 5 % sind 100

b 100 % sind 121

c 365 % sind 333

d 75 % sind 1 h 30 min

e 1 % sind 12,45 kg

f 35 ‰ sind 0,4 dm²

42 Ein DVD-Rekorder kostet mit 19 % Mehrwertsteuer 420 €.
Wie viel kostet das Gerät netto, d. h. ohne Mehrwertsteuer?

43 Nach einer Lohnerhöhung von 1,8 % verdient Herr Meier 3 690 € brutto.
Wie groß war sein Bruttogehalt vor der Erhöhung?

44 Die Sackgasse vor dem Haus von Familie Schmidt wird befestigt und asphaltiert. Laut Straßenausbausatzung müssen die Anwohner dieser Straße 85 % der Gesamtkosten tragen. Die vier Hauseigentümer überweisen insgesamt 55 250 € an die Gemeinde.
Wie viel kostet die Sackgasse insgesamt?

45 Herr Schulze ist unzufrieden mit der Arbeit eines Handwerkers. Er zieht vom Rechnungsbetrag 10 % ab und überweist dem Handwerker noch 678 €.
Wie hoch war der gestellte Rechnungsbetrag?

46 Ein Swimmingpool ist zu 85 % gefüllt, das sind 637 500 ℓ. Das quaderförmige Schwimmbecken ist 25 m lang und 10 m breit.
Wie tief ist der Swimmingpool?

47 Die Aktie der Firma Gewinn AG steigt an zwei aufeinanderfolgenden Tagen um jeweils 12 %. Sie kostet dann 28,30 €.
Wie viel kostete die Aktie vor der Steigerung?

48 Herr Müller liest seine Lohnabrechnung. Er zahlt 19 € Solidaritätszuschlag. Der Solidaritätszuschlag beträgt 5,5 % der Lohnsteuer. Diese macht 13,6 % des Bruttogehalts aus.
Wie viel verdient Herr Müller brutto?

Vermischte Aufgaben

49 Berechne jeweils die fehlenden Werte:

	Grundwert	Prozentwert	Prozentsatz
a	1 520 m²	640 m²	
b	80 kg		125 %
c		365 €	2,5 %
d		2,5 t	225 %
e	1 250 €		35 %
f	625 €	55 €	
g		15 m³	0,3 %
h	1 625 cm³	2,8 ℓ	

50 Nächste Woche beginnt der Sommerschlussverkauf. Jedes Sommerkleidungsstück wird um 40 % im Preis reduziert.

a Wie viel Geld spart sich Lena, falls sie die Jacke für 85 € erst nächste Woche kauft?

b Wie viel Geld spart sich Alexander, falls er nächste Woche für einen Pullover 28 € zahlt?

Vertiefe dein Wissen!

51 Die Gewerkschaft vereinbart mit den Arbeitgebern eine Lohnerhöhung um 2,6 %. Herr Lannig verdiente vorher 2 758 € brutto.
Wie groß ist sein Bruttoverdienst nach der Lohnerhöhung?

52 Das öffentliche Schwimmbad erhöht zu Beginn der Badesaison seine Preise. Die Saisonkarte für Familien wird von 85 € auf 92 € erhöht.
Wie groß ist die prozentuale Erhöhung?

53 Die Abwassergebühren in der Gemeinde Bachingen werden um 9 % erhöht. Vor der Erhöhung kostete der m³ Abwasser 2,35 €. Nach der Erhöhung erreichen die Bürger mit Protesten eine Senkung um 2,5 %.

a Wie hoch sind nach der Senkung die Kosten pro m³ Abwasser?

b Wie groß ist die gesamte prozentuale Erhöhung?

54 Der Deutsche Aktienindex (DAX) beginnt am Montag bei 6 435 Punkten. Bis 12 Uhr ist er um 3,5 % gestiegen.
Um wie viel Prozent muss er ab Mittag wieder fallen, damit er am Abend die morgendlichen 6 435 Punkte vorweisen kann?

55 Die Tanzschule in Seedorf hat regen Zulauf. Im letzten Jahr stieg die Mitgliederzahl um 4 %, in diesem Jahr um 3 %.
Wie groß ist die gesamte prozentuale Zunahme?

56 Das Auto der Familie Müller war beim Kundendienst. Herr Müller zahlt die Rechnung bar. Nach Abzug von 2 % Skonto zahlt er 872,20 €.
Wie viel betrug die Rechnung?

57 Familie Weber bucht eine Urlaubsreise. Als Stammkunde erhält sie 20 % Rabatt. Vater Weber bucht so früh, dass zusätzlich 15 % Frühbucherrabatt gewährt werden.
Insgesamt zahlt er 2 345 €.
Wie viel kostete die Reise ursprünglich?

 Vertiefe dein Wissen!

58 Du entdeckst die Anzeige eines Elektromarktes:

Ist das Angebot des Elektromarktes richtig? Überprüfe die Angaben durch Berechnung der Prozentsätze.

 59

a Um wie viel Prozent verändert sich das Volumen eines Würfels, falls man die Kantenlänge um 20 % erhöht?

b Um wie viel Prozent ändert sich der Oberflächeninhalt eines Würfels, falls man die Kantenlänge um 15 % verkleinert?

c Um wie viel Prozent ändert sich der Flächeninhalt eines Kreises ($A = r^2 \cdot \pi$), falls der Radius um 300 % vergrößert wird?

d Um wie viel Prozent ändert sich der Umfang eines Kreises ($U = 2r\pi$), falls der Radius um 55 % verkleinert wird?

 60

Die Gemeinde Hermannsdorf baut einen Kindergarten. Zwei Firmen geben ein Angebot für den Rohbau ab. Die Firma Hofmann ist dabei um 15 % günstiger als die Firma Baumann.
Um wie viel Prozent ist die Firma Baumann teurer als die Firma Hofmann?

Vertiefe dein Wissen!

 **Test 3**

1 Berechne die prozentuale Änderung auf eine Dezimale genau:

a von 17 auf 20

b von 143 auf 100

___ von 7 **c** von 0,035 ha auf 250 m²

2 Berechne jeweils die fehlenden Werte:

	Grundwert	Prozentwert	Prozentsatz
a	255 €	312 €	
b		15 kg	73 %
c	555 cm³		85 %
d	2,5 m³	8 500 ℓ	
e		125 m²	185 %
f	1 580 €		2,8 ‰

___ von 6

3 Auf der Internetseite des Sportvereins SC Mittelhofen sind die Jahresbeiträge aufgelistet:

THEMA DER WOCHE

Events

Fitness

Archiv

SERVICE

Suche

Sportverein

SC Mittelhofen

Jahresbeiträge:

Kinder 45 €

Erwachsene 70 €

Familien 110 €

Da der Sportverein eine neue Turnhalle baut, werden die Beiträge ab dem nächsten Jahr um 35 % erhöht.

___ von 4 Wie viel kosten die Beiträge nach der Erhöhung?

4 Die Firma Brause verkauft Limonade. Letztes Jahr wurden insgesamt 850 ℓ hergestellt. 85 % der hergestellten Menge wurden verkauft.

a Wie viele Liter Limonade wurden letztes Jahr verkauft?

b Der Geschäftsführer gibt vor, die Herstellung von Limonade für dieses Jahr um 10 % zu drosseln. Im nächsten Jahr sollen wieder 850 ℓ hergestellt werden.
Um welchen prozentualen Anteil muss man die Limonadenproduktion nach dem Drosseln wieder steigern?

___ von 7

5 Im Fahrradmarkt findet ein Räumungsverkauf statt. Dadurch gibt es auf alle Fahrräder 33 % Nachlass. Dein favorisiertes Fahrrad kostet mit dem Rabatt 687 €. Einen Tag später wird der Rabatt erhöht, sodass es nun 40 % Rabatt auf alle Fahrräder gibt.

___ von 5 Wie viel kostet dein Lieblingsfahrrad jetzt?

29 bis 21	20 bis 12	11 bis 0

So lange habe ich gebraucht: _____

So viele Punkte habe ich erreicht: _____

Teste dein Wissen!

 **Test 4**

1 Berechne den jeweiligen Prozentsatz auf eine Dezimale genau:

a 38 % von 44 % **b** 1 525 kg von 750 kg

___ von 6 **c** 120 % von 120 ‰ **d** 18 min von 3 h

2 Familie Müller kauft eine neue Küche. Der Grundpreis beträgt 6 570 €.
„20 % Rabatt auf jede Küche" ist das Motto des Küchenfachmarkts. Frau Müller
verhandelt und erreicht zusätzlich 2 % auf den Rabattpreis.

a Berechne den zu zahlenden Preis.

b Berechne den zu zahlenden Preis bei 22 % Rabatt und begründe den Unter-
___ von 9   schied zum Ergebnis der Aufgabe a.

3 Um wie viel Prozent verringert sich das Volumen eines Würfels, falls man die
___ von 5   Kantenlänge um 30 % verkleinert?

4 An zwei aufeinanderfolgenden Tagen nahm die Zuschauerquote der Daily Soap
„Unter Euch" um jeweils 7 % ab. Die Sendung sahen dann 1,5 Millionen
Zuschauer.
___ von 4   Wie viele Zuschauer waren es vor diesen zwei Tagen?

5 1 Liter Vollmilch hat einen 3,5 %igen Fettanteil.
___ von 6   Wie viel Wasser muss man zugeben, damit der Fettanteil nur noch 1,5 % beträgt?

| 30 bis 21 | 20 bis 12 | 11 bis 0 |

So lange habe ich gebraucht: _____

So viele Punkte habe ich erreicht: _____

Prozentrechnung und Proportionalität

1 Direkte und indirekte Proportionalität

Charly ist Barkeeper bei einer Geburtstagsfeier. Er gilt als Experte für den Cocktail Marathon.

Das Rezept gilt für 2 Personen. Wie groß sind die zu verwendenden Mengen, falls 3 Cocktails bestellt werden? Die Volumina der Flüssigkeiten und die Anzahl der Personen sind direkt proportional zueinander.

18 cl **Bananennektar**

12 cl **Sauerkirschnektar**

8 cl **Grapefruitsaft**

Auch bei der Prozentrechnung lassen sich direkte und indirekte Proportionalität anwenden, um manche Rechnungen zu vereinfachen.

Direkte Proportionalität:
Verdoppelt, verdreifacht, vervierfacht, … man die eine Größe, so verdoppelt, verdreifacht, vervierfacht, … sich auch die andere Größe.

Indirekte Proportionalität:
Verdoppelt, verdreifacht, vervierfacht, … man die eine Größe, so halbiert, drittelt, viertelt, … sich die andere Größe.

WISSEN

- **Prozentsatz** und **Prozentwert** sind bei konstantem Grundwert **direkt proportional** zueinander.

- **Prozentwert** und **Grundwert** sind bei konstantem Prozentsatz **direkt proportional** zueinander.

- **Prozentsatz** und **Grundwert** sind bei konstantem Prozentwert **indirekt proportional** zueinander.

Vertiefe dein Wissen!

■ BEISPIEL

a In einem kleinen Land gibt es ein sehr einfaches Steuersystem. Man muss 28 % seines Verdienstes an den Staat abgeben. Im Mai hat Chris 3 400 € verdient. Seine Steuern betrugen 952 €. Der Juni lief sehr gut, sodass er $\frac{1}{5}$ mehr verdiente.

Wie groß ist der im Juni zu zahlende Steuerbetrag?

Lösung:

$\frac{1}{5}$ **mehr** bedeutet:

$$1 + \frac{1}{5} = 1 + 0,2 = 1,2$$

Es wird der Zusammenhang der **direkten Proportionalität** zwischen Prozentwert und Grundwert bei konstantem Prozentsatz genutzt:

$$\left. \begin{array}{l} 28\ \%\ \text{von} \\ 28\ \%\ \text{von} \end{array} \right._{\cdot\,\mathbf{1,2}} \left(\begin{array}{l} 3\,400\ \text{€} = 952\ \text{€} \\ 4\,080\ \text{€} = 1\,142,4\ \text{€} \end{array} \right)_{\cdot\,\mathbf{1,2}}$$

Die Rechnungen können ohne Berücksichtigung des Prozentsatzes vollzogen werden.

Die Steuerabgabe beträgt 1 142,4 €.

b 10 % eines Grundwerts sind 25.

Wie viel sind 20 %, 25 % bzw. 170 %?

Lösung:

Es wird der Zusammenhang der **direkten Proportionalität** zwischen Prozentsatz und Prozentwert bei konstantem Grundwert genutzt:

$$_{\cdot\,\mathbf{2}} \left(\begin{array}{l} 10\ \%\ \text{von}\ G = 25 \\ 20\ \%\ \text{von}\ G = 50 \end{array} \right)_{\cdot\,\mathbf{2}}$$

Die Rechnungen können ohne Bestimmung des Grundwerts vollzogen werden.

$$_{\cdot\,\mathbf{2,5}} \left(\begin{array}{l} 10\ \%\ \text{von}\ G = 25 \\ 25\ \%\ \text{von}\ G = 62,5 \end{array} \right)_{\cdot\,\mathbf{2,5}}$$

$$_{\cdot\,\mathbf{17}} \left(\begin{array}{l} 10\ \%\ \text{von}\ G = 25 \\ 170\ \%\ \text{von}\ G = 425 \end{array} \right)_{\cdot\,\mathbf{17}}$$

c Familie Ludwig möchte sich ein Auto kaufen. Der Ausschreibungspreis liegt bei 15 000 €. Familie Ludwig sieht ein zweites Auto, das sie ebenfalls interessieren würde und das 5 % teurer als das andere Auto ist.

Wie viel Prozent Rabatt müsste die Familie aushandeln, damit sie den gleichen Preis wie für das erste Auto bezahlt?

Lösung:

Es wird der Zusammenhang der **indirekten Proportionalität** zwischen Prozentsatz und Grundwert bei konstantem Prozentwert genutzt.

$: 1{,}05 \left(\begin{array}{l} 100\ \%\ \text{von}\ 15\,000\ € \\ 95{,}2\ \%\ \text{von}\ 15\,750\ € \end{array} \right) \cdot 1{,}05 \begin{array}{l} = W \\ = W \end{array}$ Die Rechnungen können ohne Bestimmung des Prozentwertes vollzogen werden.

95,2 % Prozentsatz bedeutet 100 % $-$ **95,2 %** $= 4{,}8$ % Rabatt.

61 Zum Geburtstag bekommt Peter von seinem Großvater 50 € geschenkt. 10 %, also 5 €, möchte Peter ausgeben. Der Rest soll auf sein Sparkonto kommen. Peter überlegt es sich nun doch anders und entscheidet sich dafür, 20 % seines Geschenks sofort auszugeben.
Wie viel Geld kann Peter demnach sofort ausgeben?

62 Ein Regal kostet netto 100 €. Hinzu kommen 19 € Mehrwertsteuer.
Wie viel Mehrwertsteuer zahlt Sarah insgesamt, wenn sie zwei dieser Regale kauft?

63 30 % der 2 000 Zuschauer eines Konzerts sind weiblich. Dies sind 600 Zuschauer.
Wie groß ist der Prozentsatz, falls man von der doppelten Zuschauerzahl ausgeht, jedoch immer noch 600 weibliche Zuschauer das Konzert besuchen?

Vertiefe dein Wissen!

64 Berechne die fehlenden Werte in der Tabelle mithilfe der Proportionalität.

a

Prozentsatz	Grundwert	Prozentwert
15 %	130	19,5
	260	19,5

b

Prozentsatz	Grundwert	Prozentwert
45 %	200	90
9 %	200	

c

Prozentsatz	Grundwert	Prozentwert
125 %	25	31,25
125 %	75	

d

Prozentsatz	Grundwert	Prozentwert
30 %	900	270
30 %		45

e

Prozentsatz	Grundwert	Prozentwert
28 %	700	196
7 %		196

65 Das Möbelhaus Holzner hat 25. Geburtstag. Auf alle Küchen bzw. Kücheninhalte gibt es 25 % Rabatt.

a Familie Fuchs bestellt eine Küche für 6 500 €.
Wie viel Rabatt erhält sie auf diesen Preis?

b Berechne ausgehend vom Ergebnis aus Aufgabe a die Rabatte der Preise
650 €, 3 250 €, 1 300 € und 13 000 €.

2 Prozentrechnung mithilfe des Dreisatzes

Auf dem Volksfest stehen zwei Losbuden. Der „Glückshafen" hat bei 2 000 Losen 700 Gewinne. Die „Burg des Glücks" ließ 5 000 Lose drucken, von denen 1 800 Gewinne sind. Maren überlegt, an welcher Losbude sie ein Los kaufen soll.

Neben der Lösung über die Formel der Prozentrechnung gibt es für solche Aufgabenstellungen auch noch eine andere Vorgehensweise.

WISSEN

In der Prozentrechnung können viele Rechnungen mit dem **Dreisatz** durchgeführt werden. Im zweiten Satz muss die Größe auf **1 %** bzw. **1** gebracht werden.

BEISPIEL

a Bei welcher Losbude sollte man ein Los ziehen?

Lösung:

Der Vergleich beider Losbuden funktioniert über den prozentualen Anteil der Gewinne an der Gesamtzahl der Lose.

Grundwert und Prozentwert werden so durch einen passenden Divisor **geteilt**, dass auf der linken Seite eine **1** steht. Anschließend werden beide Größen so mit einem passenden Faktor **multipliziert**, dass auf der linken Seite die **Anzahl der Gewinne** steht.

Glückshafen:

$$: 2\,000 \left(\begin{array}{l} 2\,000 \text{ Lose} \triangleq 100\,\% \\ 1 \text{ Los} \triangleq 0{,}05\,\% \\ 700 \text{ Lose} \triangleq 35\,\% \end{array}\right) \begin{array}{l} : 2\,000 \\ \\ \cdot\, 700 \end{array}$$

$\cdot\, 700$

Burg des Glücks:

$$: 50 \left(\begin{array}{l} 5\,000 \text{ Lose} \triangleq 100\,\% \\ \mathbf{100} \text{ Lose} \triangleq 2\,\% \\ 1\,800 \text{ Lose} \triangleq 36\,\% \end{array}\right) \begin{array}{l} : 50 \\ \\ \cdot\, 18 \end{array}$$

$\cdot\, 18$

Wenn du etwas geübter bei der Anwendung des Dreisatzes bist, kannst du auch einen anderen passenden Wert in der zweiten Zeile wählen.

Der Vergleich zeigt, dass sich bei der „Burg des Glücks" **36 %** Gewinne befinden. Beim „Glückshafen" sind es dagegen nur **35 %**. Die Lose sollten deshalb an der „Burg des Glücks" gezogen werden.

Vertiefe dein Wissen!

b Es ist folgender Sachverhalt bekannt:

18 % von 360 = 64,8

Wie hoch ist der Prozentwert, wenn nun 29 % von dem gleichbleibenden Grundwert 360 berechnet werden sollen?

Lösung:

$$: 18 \left(\begin{array}{l} 18\,\% \text{ von } 360 = 64,8 \\ 1\,\% \text{ von } 360 = 3,6 \\ 29\,\% \text{ von } 360 = 104,4 \end{array} \right) : 18 \\ \cdot 29$$

Beide Seiten werden durch 18 dividiert, um auf **1 %** „herunterzurechnen". Dann werden beide Seiten mit 29 multipliziert, um auf **29 %** „hochzurechnen".

Der Prozentwert beträgt nun 104,4.

66 Berechne den Prozentsatz über den Dreisatz.

a 36 von 250

b 45 von 99

c 69 von 50

d 431 von 142

67 Berechne über den Dreisatz die Prozentwerte von 900 für die folgenden Prozentsätze.

a 18 %

b 26 %

c 2 %

d 120 %

e 1 000 %

f 1 ‰

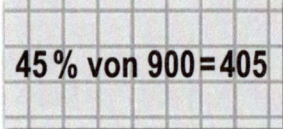

45 % von 900 = 405

68 Berechne mithilfe des Dreisatzes die fehlenden Werte.

a 80 % ≙ 72

10 % ≙ ☐

☐ ≙ 54

b 35 % ≙ 119

☐ ≙ 17

☐ ≙ 187

c ☐ ≙ 195

10 % ≙ 15

100 % ≙ ☐

d 91 % ≙ ☐

13 % ≙ 11

☐ ≙ 143

e ☐ ≙ 100

7 % ≙ 12,5

☐ ≙ 112,5

f 100 % ≙ ☐

☐ ≙ 0,65

56 % ≙ ☐

Vertiefe dein Wissen!

69 Bei einer Befragung sagten 280 Personen, Spaß an Mathematik zu haben. Das entspricht einem prozentualen Anteil von 80 %.
Berechne, wie viele Personen an der Befragung teilnahmen.

70 28 000 Zuschauer sind beim Heimspiel des 1. FC Nürnberg im Stadion. 7 % davon sind gegnerische Fans.
Wie viele Fans unterstützen ihre Mannschaft beim Auswärtsspiel in Nürnberg?

71 Die Spielwarenfabrik „Games" möchte ihre Preise erhöhen.

a Der Preis des Spiels „Duo" wird von 24 € auf 26 € erhöht.
Berechne die prozentuale Erhöhung.

b Der Preis des Spiels „Trio" soll um 5 % erhöht werden und kostet vor der Erhöhung 18 €.
Berechne den neuen Preis.

72 Vor einigen Jahren wurde die Mehrwertsteuer um 3 Prozentpunkte erhöht. Statt 16 % Mehrwertsteuer zahlt man nun 19 % Mehrwertsteuer.
Berechne ausgehend von dem alten Preis, in dem 16 % Mehrwertsteuer enthalten ist, den neuen Preis.

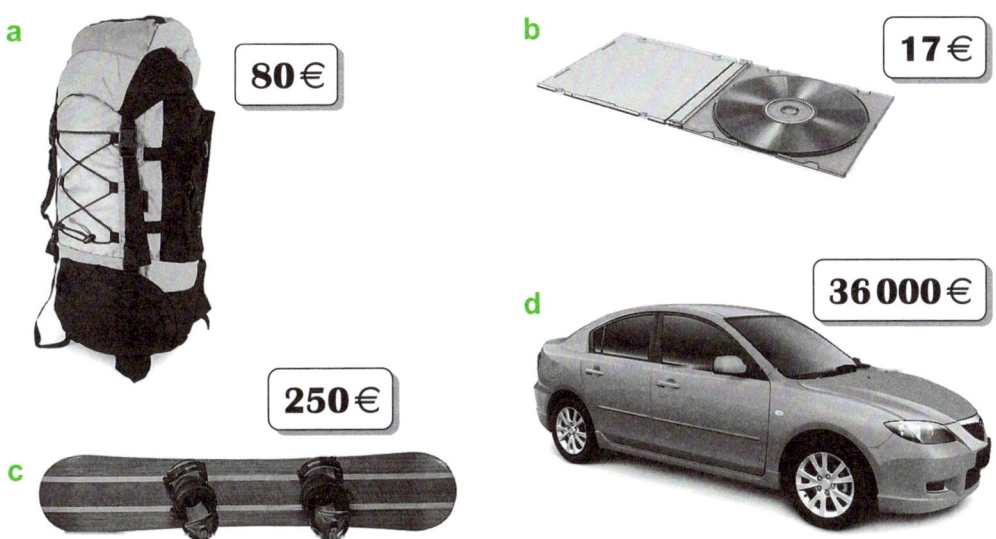

a 80 €

b 17 €

c 250 €

d 36 000 €

73 Ein Geschäft wirbt mit dem Angebot, dass den Kunden die Mehrwertsteuer (19 %) erlassen wird. Jonathan sieht einen Fernseher für 600 € und behauptet: „Mit diesem Rabatt kostet der Fernseher nur noch 486 €!"
Wieso hat Jonathan nicht recht? Welchen Fehler hat er gemacht?

Vertiefe dein Wissen!

3 Schätzaufgaben

Jan möchte sich ein Fahrrad im Bicyclestore kaufen, bei dem gerade der Sommerschlussverkauf läuft. Da Jan seinen Taschenrechner nicht dabeihat, muss er im Kopf überschlagen, wie teuer das Fahrrad jetzt noch wäre.

Die Eigenschaft der Proportionalität erlaubt es, Grundwerte, Prozentwerte und Prozentsätze zu schätzen bzw. im Kopf auszurechnen.

Bei Schätzaufgaben ist der genaue Wert der Lösung nicht von Bedeutung. Ziel ist es, die **richtige Größenordnung** abzuschätzen.

Eine mögliche Vorgehensweise ist:

WISSEN

Prozentwert

1. Bestimme den Prozentwert zum Prozentsatz **1 %** oder **10 %**.
2. Berechne den Prozentwert durch **Multiplikation**.

Diese Rechenoperationen sind im Kopf möglich. Sollten die gegebenen Zahlen für das Rechnen ohne Hilfsmittel zu schwierig sein, dürfen diese bei Schätzaufgaben vereinfacht werden.

BEISPIEL

a Es sind $G = 150$ und $p = 15\,\%$.
Berechne den Prozentwert.

Lösung:

$$
\begin{array}{l}
:100 \left(\begin{array}{c} 150 \;\triangleq\; 100\,\% \\ 1,5 \;\triangleq\; 1\,\% \end{array}\right) :100 \quad \text{1. Prozentsatz 1 \%} \\[4pt]
\cdot 15 \left(\begin{array}{c} 1,5 \;\triangleq\; 1\,\% \\ 22,5 \;\triangleq\; 15\,\% \end{array}\right) \cdot 15 \quad \text{2. Multiplikation}
\end{array}
$$

b Schätze ab, wie teuer das Fahrrad noch ist, wenn es 460 € kostet und 20 % Rabatt gewährt wird.

Lösung:

Da **20 % Rabatt** gewährt werden, entspricht der noch zu zahlende Betrag **100 % – 20 %** = 80 % des ursprünglichen Preises.

$:10$ $\left(\begin{array}{l} 460 \text{ €} \triangleq 100\,\% \\ 46 \text{ €} \triangleq 10\,\% \end{array} \right) :10$ 1. Prozentsatz 10 %

$\cdot 8$ $\left(\begin{array}{l} 45 \text{ €} = 10\,\% \\ 360 \text{ €} \triangleq 80\,\% \end{array} \right) \cdot 8$ Vereinfachung

                                                  2. Multiplikation

Das Fahrrad kostet nach Abzug des Rabatts etwa 360 €.

74 Maximilian joggt einmal pro Woche und legt dabei 11 km zurück. Er möchte seine Strecke nun um 20 % steigern.
Um wie viele Kilometer wird seine Laufstrecke länger?

75 Gegeben sind ein Grundwert und ein Prozentsatz.
Durch welche natürliche Zahl muss man den Grundwert dividieren bzw. mit welcher multiplizieren, um den Prozentwert zu erhalten?

a 5 %   **b** 10 %

c 15 %   **d** 20 %

e 25 %   **f** 35 %

g 40 %   **h** 45 %

i 50 %   **j** 60 %

k 75 %   **l** 80 %

m 90 %   **n** 100 %

o 150 %   **p** 200 %

q 250 %   **r** 1 000 %

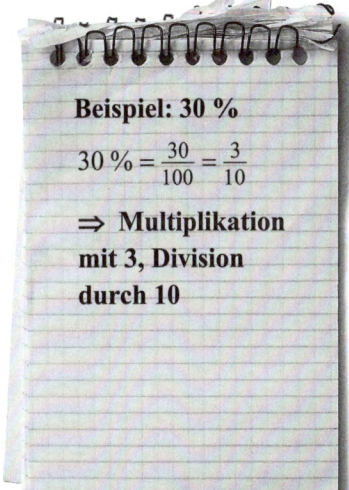

Beispiel: 30 %

$30\,\% = \frac{30}{100} = \frac{3}{10}$

⇒ **Multiplikation mit 3, Division durch 10**

Um den Grundwert abschätzen zu können, gibt es eine ähnliche Vorgehensweise:

WISSEN

Grundwert

1. Bestimme den Prozentwert zum Prozentsatz **1 %** oder **10 %**.

2. Berechne den Grundwert durch **Multiplikation**.

BEISPIEL

a Es sind W = 75 und p = 20 % gegeben.
Berechne den Grundwert.

Lösung:

$$:2\left(\begin{array}{c} 75 \triangleq 20\,\% \\ 37,5 \triangleq 10\,\% \end{array}\right):2 \qquad \text{1. Prozentsatz 10 \%}$$
$$\cdot 10\left(\begin{array}{c} 37,5 \triangleq 10\,\% \\ 375 \triangleq 100\,\% \end{array}\right)\cdot 10 \qquad \text{2. Multiplikation}$$

b 23 % aller heutigen Besucher des Erlebnisbades haben eine Saisonkarte. Das sind 147 Badegäste.
Schätze ab, wie viele Besucher heute im Bad sind.

Lösung:

23 % sind 147 Badegäste.

Da es sich um eine **Schätzaufgabe** handelt, dürfen die **Werte etwas verändert** werden, um die Rechnung zu erleichtern.

23 % ≈ 25 %

147 ≈ 150

$$\cdot 4\left(\begin{array}{c} 25\,\% \triangleq 150 \\ 100\,\% \triangleq 600 \end{array}\right)\cdot 4$$

Bei diesen Zahlen bietet es sich an, direkt zu multiplizieren.

Das Erlebnisbad besuchen heute ungefähr 600 Gäste.

76 Melanie trägt Zeitungen aus. Während den Sommerferien vergrößert sie ihr Gebiet um 30 % und steigert ihr Einkommen dadurch um 9 € pro Route.
Wie viel verdient Melanie außerhalb der Sommerferien pro Route?

77 Gegeben sind ein Prozentwert und ein Prozentsatz.
Mit welcher Zahl muss man den Prozentwert multiplizieren bzw. durch welche
dividieren, um den Grundwert zu erhalten?

a 5 %		**b** 10 %	
c 15 %		**d** 20 %	
e 25 %		**f** 35 %	
g 40 %		**h** 45 %	
i 50 %		**j** 60 %	
k 75 %		**l** 80 %	
m 90 %		**n** 100 %	
o 150 %		**p** 200 %	
q 250 %		**r** 1 000 %	

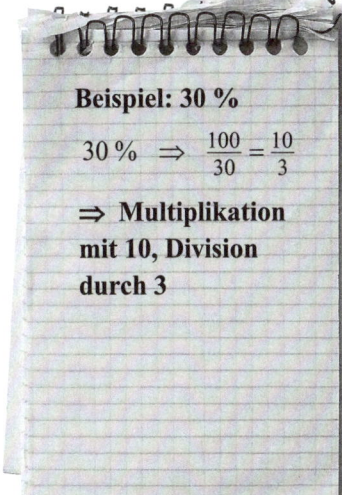

Beispiel: 30 %

$$30\,\% \;\Rightarrow\; \frac{100}{30} = \frac{10}{3}$$

⇒ **Multiplikation mit 10, Division durch 3**

78 In einer Schafherde sind 31 % aller Schafe schwarz. Dies sind insgesamt
48 Schafe.
Schätze, wie viele Schafe insgesamt in dieser Herde leben.

Auch der Prozentsatz kann abgeschätzt werden.

WISSEN

Prozentsatz

1. Bestimme den Prozentwert zum Prozentsatz **1 %** oder **10 %**.
2. Berechne den Prozentsatz durch **Multiplikation**.

BEISPIEL

a Es sind G=200 und W=30 gegeben.
Berechne den Prozentsatz.

Lösung:

$$
\begin{array}{l}
:100\left(\begin{array}{rcl} 200 &\triangleq& 100\,\% \\ 2 &\triangleq& 1\,\% \end{array}\right):100 \quad \text{1. Prozentsatz 1 \%}\\
\cdot 15\left(\begin{array}{rcl} & & \\ 30 &\triangleq& 15\,\% \end{array}\right)\cdot 15 \quad \text{2. Multiplikation}
\end{array}
$$

b Die Musikschule von Dorfingen beschließt, die Gebühren für den Gitarren-unterricht zu erhöhen. So werden die Kosten von 52 € auf 58 € erhöht. Schätze die prozentuale Erhöhung.

Lösung:

Der tatsächliche Betrag der Erhöhung ist 58 € − 52 € = 6 €.

Man vergleicht 6 € mit 52 €:

Prozentwert W: **6 €**

Grundwert G: **52 €**

$$\left(\begin{array}{l} 52\ € \triangleq 100\ \% \\ 50\ € \triangleq 100\ \% \\ 1\ € \triangleq 2\ \% \\ 6\ € \triangleq 12\ \% \end{array} \right)$$

$:50$ $:50$ Vereinfachung

$\cdot 6$ $\cdot 6$

Die prozentuale Erhöhung beträgt etwa 12 %.

79 Berechne, wie viel Prozent 120 kg von 200 kg sind.

80 Charlotte geht am Wochenende ins Kino und bezahlt für eine Karte 10,50 €. Sie ist über den Preis total überrascht, da eine Karte am Kinotag nur 6,50 € kostet.
Schätze ab, um wie viel Prozent die Kinokarte am Wochenende teurer ist als am Kinotag.

Vermischte Aufgaben

81 Schätze die fehlenden Größen ab.

    a $G = 180$, $W = 30$ **b** $G = 300$, $p = 15\,\%$

    c $W = 420$, $p = 70\,\%$ **d** $G = 635\,€$, $W = 70\,€$

    e $G = 1\,025\,\text{kg}$, $p = 120\,\%$ **f** $G = 750\,\ell$, $p = 39\,\%$

82 Lukas möchte sich einen Motorroller kaufen. Der Verkäufer bietet ihm auf alle Modelle 15 % Rabatt an.

    a Der Motorroller YOUNG kostet ohne Rabatt 850 €.
        Überschlage den Preis nach dem Rabatt.

    b Mit Rabatt kostet der Motorroller NEW 1 050 €.
        Wie hoch ist etwa der Auszeichnungspreis?

83 Leon kauft im Großhandel ein. Alle Produkte sind netto angegeben, d. h. ohne Mehrwertsteuer. Die Mehrwertsteuer beträgt in Deutschland 19 %.
Schätze ab, ob die Größenordnung der Bruttobeträge stimmt:

Netto		Brutto
260 €	Netbook	310 €
560 €	Laptop	666 €
980 €	Fernsehgerät	1 080 €
250 €	Smartphone	298 €
60 €	MP3-Player	90 €

Alle Preise sind auf ganze Euro gerundet.

Vertiefe dein Wissen!

 **Test 5**

1 Berechne mithilfe des Dreisatzes den zugehörigen fehlenden Wert der Angabe in Klammern.

___ von 4 **a** 70 % ≙ 490 (90 %) **b** 141 % ≙ 47 (84)

2 „15 % auf alles" ist die Werbeaktion eines Elektromarktes.

a 90 € kostet laut Auszeichnung das Handy, das du dir kaufen möchtest. Berechne mithilfe des Dreisatzes den tatsächlich zu zahlenden Preis.

b Der Elektromarkt stellt dich für die Kasse ein. Dort steht ein Schild mit der Aufschrift: „15 % von 20 € sind 3 €."

___ von 6 Berechne davon ausgehend die Rabatte für 60 €, 5 000 € und 5 €.

3 Der Umsatz der Firma von Maries Vater ist im letzten Geschäftsjahr um 40 % gestiegen. Der Umsatz betrug 3 500 000 €.

___ von 4 Wie viel Umsatz hatte diese Firma im Jahr zuvor? Berechne mit dem Dreisatz.

4 Zu deiner Geburtstagsfeier sind 21 Freunde eingeladen. Du rechnest mit 150 g Fleisch pro Portion. Überraschend kommen noch drei Austauschschüler mit.

___ von 3 Wie viel Fleisch ist jetzt in jeder Portion? Berechne mithilfe des Dreisatzes.

5 Bens Auto verbraucht bei normaler Fahrweise 8 Liter auf 100 km. In der Stadt muss er mit 30 % mehr Verbrauch rechnen. Beim sparsamen Fahren verbraucht sein Auto 20 % weniger.
Berechne mithilfe des Dreisatzes den Verbrauch für

a Fahrten in der Stadt,

b die sparsame Fahrweise,

___ von 13 **c** sparsame Fahrten in der Stadt.

| 30 bis 21 | 20 bis 12 | 11 bis 0 |

So lange habe ich gebraucht: _____

So viele Punkte habe ich erreicht: _____

 **Test 6**

1 Berechne die fehlenden Werte in der Tabelle mithilfe der Proportionalität:

a

Prozentsatz	Grundwert	Prozentwert
35 %	280	98
	140	98

b

Prozentsatz	Grundwert	Prozentwert
110 %	90	99
5 %	90	

c

Prozentsatz	Grundwert	Prozentwert
60 %	450	270
60 %	90	

___ von 3

2 Ralf bucht für seinen Urlaub immer das gleiche Hotel. Als Stammgast bekommt er immer 20 % Rabatt.

a Wie viel kostet Ralf eine Doppelzimmerübernachtung, falls der Listenpreis 90 € beträgt? Berechne mithilfe der Proportionalität.

b Diesmal ist nur die Suite frei. Der Listenpreis ist 160 €. Berechne den Preis ausgehend vom Ergebnis aus Aufgabe a.

___ von 5

3 Im Labor stehen 1,8 ℓ von einer 45 %igen Salzsäure, d. h., 45 % der Lösung sind reine Säure, der Rest ist Wasser.
Wie viel Wasser muss man zugeben, damit die Salzsäure 30 %ig wird? Verwende Proportionalitäten.

___ von 4

4 Schätze die fehlenden Größen ab:

a G=240   W=60

b G=270   p=45 %

c W=390   p=13 %

___ von 5

5 Julian hat Geburtstag und darf jetzt ein Moped fahren. Im Geschäft hat er sich ein Modell ausgesucht, für das ihm der Verkäufer 12 % Rabatt anbietet.

a Das Moped kostet 1 480 €.
Berechne den Preis nach dem Rabatt.

b Julian hat 1 150 € gespart.
Berechne den notwendigen Rabatt, damit er sich das Moped leisten kann.

___ von 7

6 In der ersten Mathematikklassenarbeit waren 40 Punkte zu erreichen. Du hast 40 % der Punkte erreicht.

a Berechne deine erreichten Punkte.

b In der zweiten Klassenarbeit gab es maximal 50 Punkte.
Wie viele Punkte musst du mindestens erreichen, damit du wieder 40 % der Punkte erreicht hast?

c Überschlage den Prozentsatz der erreichten Punkte im Vergleich zur Gesamtpunktzahl, falls in der dritten Klassenarbeit wieder 40 Punkte maximal sind und du 25 Punkte erreicht hast.

___ von 6

30 bis 21	20 bis 12	11 bis 0

So lange habe ich gebraucht: _____

So viele Punkte habe ich erreicht: _____

Zinsrechnung

1 Grundlagen

Dennis hat im Elektromarkt eine Spielekonsole entdeckt. Sie kostet laut Auszeichnung 400 €. Dennis hat nur 150 € und möchte den Rest nach einem Jahr zahlen. Dafür berechnet ihm der Verkäufer eine Gebühr, d. h. Zinsen mit einem Zinssatz von 4 % des geliehenen Betrages.

Die Gebühr (Zinsen) wird anteilig (Zinssatz) zum geliehenen Betrag (Kapital) bezahlt.
Die Begriffe aus der **Prozentrechnung** können auf die **Zinsrechnung** übertragen werden:

p   Prozentsatz   ↔   Zinssatz p
W   Prozentwert   ↔   Zinsen   Z
G   Grundwert   ↔   Kapital   K

WISSEN

Zur Berechnung des **Zinses Z** (Prozentwert) muss das **Kapital K** (Grundwert) mit dem **Zinssatz p** (Prozentsatz) multipliziert werden:

$Z - K \cdot p$

Der Zinssatz bezieht sich immer auf ein ganzes Jahr. Ein Zinsjahr besteht aus **12 Monaten**. Ein Monat wird mit **30 Tagen** angenommen, d. h., das Jahr besteht aus **360 Tagen**.
Wird das Kapital vor der Jahresfrist entnommen, werden die Zinsen anteilig ausbezahlt.

WISSEN

Zur Berechnung der **Zinsen Z nach x Tagen** wird der Anteil am Jahreszins Z_{Jahr} bestimmt:

$$Z = \frac{x}{360} \cdot Z_{Jahr} = \frac{x}{360} \cdot K \cdot p$$

BEISPIEL

a Claudia legt 5 000 € Kapital bei der Bank an. Sie „leiht" der Bank Geld und erhält dafür Zinsen zu einem Zinssatz von 1,5 % (pro Jahr).
Wie viel Zinsen erhält Claudia nach einem Jahr?

Lösung:
Zuordnung der Begriffe Zinsen, Kapital und Zinssatz:

5 000 € → Kapital **K**
1,5 % → Zinssatz **p**
gesucht → Zinsen Z

Einsetzen der entsprechenden Werte in die Formel $Z = K \cdot p$:

$$Z = K \cdot p = \mathbf{5\,000\,€} \cdot \mathbf{1,5\,\%} = 5\,000\,€ \cdot \frac{1,5}{100} = 75\,€$$

Nach einem Jahr erhält Claudia 75 € Zinsen.

b Claudia kündigt den Vertrag nach 7 Monaten.
Mit wie viel Zinsen kann sie rechnen?

Lösung:
Die Zinsen werden **anteilig** ausbezahlt.
7 Monate = **7 · 30 Tage** = 210 Tage

$$\frac{210}{360} \cdot 75\,€ = \frac{7}{12} \cdot 75\,€ = 43,75\,€$$

Man kann den Anteil auch über die Monate erhalten, da das Geld für **7 von 12 Monaten** angelegt wurde.

Claudia bekommt nach 7 Monaten 43,75 € Zinsen ausbezahlt.

c Klaus hat 7 500 € zur Verfügung. In einem Jahr möchte er für 410 € neue Sommer-reifen für sein Auto kaufen. Das soll alleine durch Zinsen geschehen.
Welchen Zinssatz muss Klaus heraus-handeln, damit er den Kauf tätigen kann?

Lösung:
Zuordnung der Begriffe:

7 500 € → Kapital **K**
410 € → Zinsen **Z**
gesucht → Zinssatz p

Vertiefe dein Wissen!

Die Zinsformel wird **nach p aufgelöst** und die entsprechenden Werte werden **eingesetzt**:

$$Z = K \cdot p \quad | : K$$

$$p = \frac{Z}{K}$$

$$p = \frac{410 \text{ €}}{7\,500 \text{ €}} \approx 0{,}055 = 5{,}5 \text{ \%}$$

Der Zinssatz muss mindestens 5,5 % betragen.

d Lena leiht ihrer Schwester Sophie Geld. Da Lena 3 % Zinsen verlangt, zahlt ihr Sophie nach einem Jahr 257,50 € zurück.
Wie viel hat sich Sophie von Lena ausgeliehen?

Lösung:

Zuordnung der Begriffe:

257,50 € → Zinsen **Z**

103 % → Zinssatz **p**

gesucht → Kapital K

Sophie zahlt den ausgeliehenen Betrag (100 %) und die Zinsen (3 %) zurück. Daher gilt für den zugehörigen Zinssatz: 100 % + 3 % = 103 %

Die Zinsformel wird **nach K aufgelöst** und die entsprechenden Werte werden **eingesetzt**:

$$Z = K \cdot p \quad | : p$$

$$K = \frac{Z}{p}$$

$$K = \frac{257{,}50 \text{ €}}{103 \text{ \%}} = 257{,}50 \text{ €} \cdot \frac{100}{103} = 250 \text{ €}$$

Sophie hat sich 250 € ausgeliehen.

84 Berechne jeweils die fehlenden Werte.

	Zinsen	Kapital	Zinssatz
a		8 000 €	3,5 %
b	810 €		5,2 %
c	1 290 €	28 000 €	
d		125 000 €	6,1 %
e	12 550 €		7,5 %
f	63 €	550 €	

85 Linda möchte sich ein Auto kaufen. Sie kann 5 000 € anzahlen und muss den Rest finanzieren. Es wird eine jährliche Zahlung vereinbart.
Das Autohaus Wagner bietet ein Auto für 9 500 € an. Der Zins nach einem Jahr beträgt 428 €.
Das Autohaus Pfeiffer bietet ein Auto für 11 200 € an. Der Zins nach einem Jahr beträgt 552 €.
Welches Autohaus bietet den besseren Zinssatz an?

86 Alina legt 2 400 € zu einem Zinssatz von 2 % an.
Ordne zu, wie viele Zinsen Alina für den jeweiligen Zeitraum erhält.

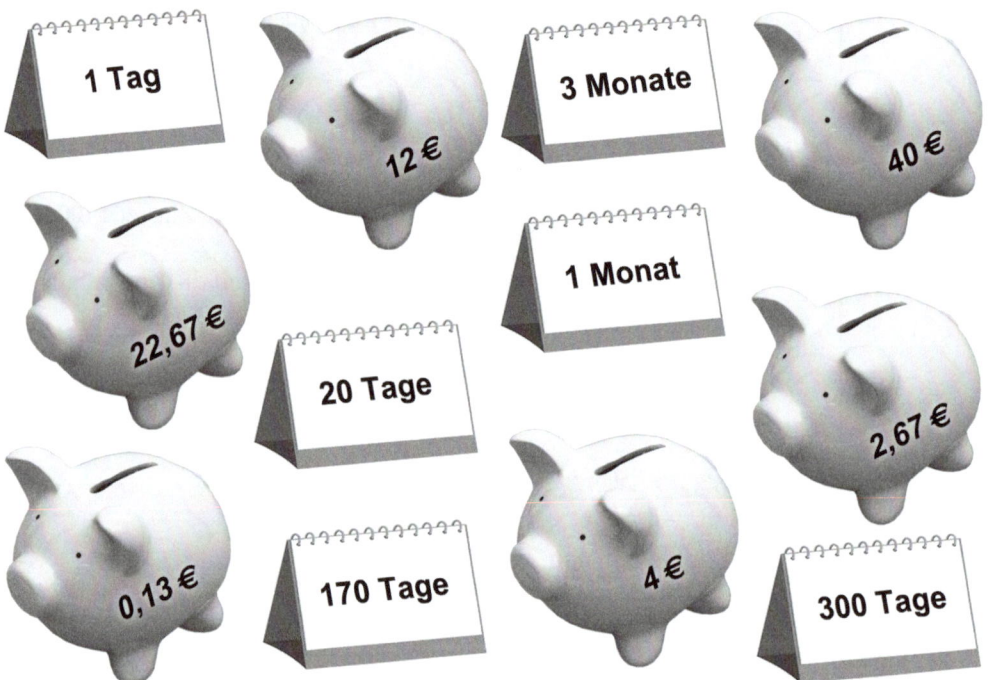

87 Familie Meier möchte ein Haus kaufen. Dafür muss ein Kredit aufgenommen werden. Die Familie kann 1 500 € pro Monat für Tilgung und Zinsen aufbringen. Nach einem Jahr sollen 2 % der Darlehenssumme getilgt werden. Der Zinssatz beträgt 4,6 % pro Jahr.
Wie hoch darf das Darlehen höchstens sein?

88 Patrick leiht seinem Bruder Robert 1 200 €. Sie vereinbaren eine jährliche Rückzahlung von 400 € und zusätzlich 5 % Zinsen pro Jahr auf die Restschuld.
Gib die jährlichen Zinsen an, die Robert an Patrick zahlen muss.

 Vertiefe dein Wissen!

2 Lineare Verzinsung

Marvin bekommt zu seinem Geburtstag 150 € geschenkt. Er geht zur Bank und legt das Geld bei einem Zinssatz von 1,35 % an. Wie viel Geld hat er nach einem Jahr?

Berechnet man die **Gesamtauszahlung** nach einem Jahr, muss zum **Zinsbetrag** auch noch das **Grundkapital K_0** addiert werden. Das Kapital nach einem Jahr wird mit K_1 bezeichnet.

$K_1 = K_0 + Z$

$K_1 = K_0 + K_0 \cdot p$

$K_1 = K_0 (1 + p)$

WISSEN

Berücksichtigt man zur Berechnung des **Kapitals K_n nach n Jahren** nur das Anfangskapital K_0 bei einem Zinssatz von p, führt das zur folgenden Formel:
$K_n = K_0 \cdot (1 + n \cdot p)$
Diese Art der Verzinsung nennt man **lineare Verzinsung**. Hier werden die Zinsen im folgenden Jahr nicht mitverzinst.

BEISPIEL

a Nicks Ururopa lebte in Amerika. Im Jahr 1890 hatte er 1 000 $ bei der Texas-Bank angelegt. Die jährliche Verzinsung wurde zum Zinssatz 8 % vereinbart. Die Bank fand nun die Unterlagen und will nach 123 Jahren das Geld an Nick auszahlen.
Wie viel Geld erhält Nick, falls jedes Jahr 1 000 $ verzinst wurden?

Lösung:
Zuordnung der Begriffe:

1 000 $ → Anfangskapital K_0
123 Jahre → Anzahl der Jahre n
8 %   → Zinssatz p
gesucht   → Kapital K_{123} nach 123 Jahren

Einsetzen der entsprechenden Werte in die Formel $K_n = K_0 \cdot (1 + n \cdot p)$:

$K_n = \mathbf{1\,000\ \$} \cdot (1 + \mathbf{123} \cdot \mathbf{8\ \%}) = 1\,000\ \$ \cdot \left(1 + 123 \cdot \frac{8}{100}\right) = 10\,840\ \$$

Nick werden 10 840 $ ausbezahlt.

Vertiefe dein Wissen!

b David erhält nach 3 Jahren insgesamt 1 480 € ausbezahlt. Der vereinbarte jährliche Zinssatz beträgt 0,9 %. Die Zinsen werden jährlich ausbezahlt und damit nicht mitverzinst.
Wie viel Anfangskapital wurde bei der Bank angelegt?

Lösung:
Zuordnung der Begriffe:

3 Jahre   → Anzahl der Jahre **n**
1 480 €   → Kapital K_3 nach 3 Jahren
0,9 %   → Zinssatz **p**
gesucht   → Anfangskapital K_0

Die Formel wird **nach K_0 aufgelöst** und die Werte werden **eingesetzt**:

$$K_3 = K_0 \cdot (1 + \mathbf{3} \cdot p) \quad | : (1 + 3 \cdot p)$$

$$K_0 = \frac{K_3}{1 + 3 \cdot p}$$

$$K_0 = \frac{\mathbf{1\,480\,€}}{1 + 3 \cdot \mathbf{0,9\,\%}} = \frac{1\,480\,€}{1 + 3 \cdot \frac{0,9}{100}} \approx 1\,441,09\,€$$

Vor 3 Jahren legte David 1 441,09 € an.

c Es wird linear verzinst. Jakob erhält einen Zinssatz von 3,9 %. Er legte vor Jahren 3 500 € an und erhielt 4 200 € ausbezahlt.
Wie viele Jahre war das Geld bei der Bank angelegt?

Lösung:
Zuordnung der Begriffe:

4 200 €   → Kapital K_n nach n Jahren
3,9 %   → Zinssatz **p**
3 500 €   → Anfangskapital K_0
gesucht   → Anzahl der Jahre **n**

Die Formel wird **nach n aufgelöst** und die Werte werden **eingesetzt**:

$$K_n = K_0 \cdot (1 + n \cdot p) \quad | : K_0$$

$$\frac{K_n}{K_0} = 1 + n \cdot p \quad | -1$$

$$n \cdot p = \frac{K_n}{K_0} - 1 \quad | : p$$

$$n = \left(\frac{K_n}{K_0} - 1 \right) \cdot \frac{1}{p}$$

$$n = \left(\frac{\mathbf{4\,200\,€}}{\mathbf{3\,500\,€}} - 1 \right) \cdot \frac{1}{\mathbf{3,9\,\%}} = \left(\frac{4\,200\,€}{3\,500\,€} - 1 \right) \cdot \frac{100}{3,9} \approx 5,1$$

Das angelegte Geld wurde etwas mehr als 5 Jahre verzinst.

Vertiefe dein Wissen!

89 Berechne jeweils die fehlenden Werte bei linearer Verzinsung.

	K_n	K_0	n	p
a		2 500 €	3	4,5 %
b	12 000 €		7	4,2 %
c	27 000 €	22 000 €		6,5 %
d	17 000 €	15 000 €	6	
e		18 000 €	8	6,2 %
f	570 €		2	1,8 %
g	13 000 €	9 999 €		3,8 %
h	8 000 €	5 000 €	4	

90 Roman möchte sich unbedingt einen Swimmingpool in den Garten bauen. Dazu fehlen ihm 6 000 €. Er leiht sich das Geld von seinem besten Freund Leon. Sie vereinbaren eine lineare Verzinsung über 3 Jahre bei einem Zinssatz von 8 % pro Jahr.
Wie viel muss Roman nach 3 Jahren an Leon zahlen?

91 Celina sagt zu Franziska: „Du hast mir vor 5 Jahren Geld geliehen. Ich zahle dir heute 13 000 € zurück. Damit ist meine Schuld bei dir getilgt." Vereinbart war damals eine lineare Verzinsung zu einem Zinssatz von 7,5 % pro Jahr.
Wie viel Geld hat Franziska Celina vor 5 Jahren geliehen?

92 Dominik muss der Gemeinde 12 000 € für den Neubau der Straße vor seinem Haus bezahlen. Er vereinbart mit dem Bürgermeister eine lineare Verzinsung mit einem Zinssatz von 4,5 % pro Jahr.
Nach wie vielen Jahren zahlt Dominik 14 000 € an die Gemeinde, um seine Schuld zu tilgen?

Vertiefe dein Wissen!

3 Exponentielle Verzinsung

Petra hatte zu ihrem 12. Geburtstag von ihrem großzügigen Taufpaten 1 200 € geschenkt bekommen. Damals hat sie das gesamte Geld zur Bank gebracht und es 5 Jahre lang mit dem jährlichen Zinssatz von 2,5 % angelegt, um davon die Kosten für ihren Führerschein bezahlen zu können.

Sowohl das **Grundkapital** als auch die **Zinsen** werden **jährlich verzinst**. Man berücksichtigt in diesem Fall also den **Zinseszins**. Berechnet man das Kapital nach einem Jahr, wendet man die normale Zinsformel an:

$$K_1 = K_0 \cdot (1+p)$$

Nach zwei Jahren setzt man **statt des Grundkapitals K_0** das **Kapital K_1** nach der einjährigen Verzinsung ein:

$$K_2 = K_1 \cdot (1+p)$$
$$K_2 = \underbrace{K_0 \cdot (1+p)}_{K_1} \cdot (1+p)$$

$$K_2 = K_0 \cdot (1+p)^2$$

Dieses Vorgehen kann verallgemeinert werden:

─ WISSEN ─

Berücksichtigt man den **Zinseszins** zur Berechnung des Kapitals K_n nach n Jahren bei einem Zinssatz von p und dem Anfangskapital K_0, führt das zur folgenden Formel:

$$K_n = K_0 \cdot (1+p)^n$$

Diese Art der Verzinsung nennt man **exponentielle Verzinsung**.

BEISPIEL

a Nicks Ururoma hatte im Jahr 1890 ebenfalls 1 000 $ angelegt. Sie hat sich allerdings die Florida-Bank ausgesucht, bei der die Zinsen der Vorjahre mitverzinst werden. Der Zinssatz beträgt auch hier 8 % und das Geld wurde ebenfalls für 123 Jahre angelegt.
Welchen Betrag erhält Nick von der Florida-Bank?

Vertiefe dein Wissen!

Lösung:

Zuordnung der Begriffe:

1 000 \$ $\rightarrow$ Anfangskapital K_0

123 Jahre $\rightarrow$ Anzahl der Jahre **n**

8 % $\rightarrow$ Zinssatz **p**

gesucht $\rightarrow$ Kapital K_{123} nach 123 Jahren

Einsetzen der entsprechenden Werte in die Formel $K_n = K_0 \cdot (1+p)^n$:

$$K_n = \mathbf{1\,000\,\$} \cdot (1 + \mathbf{8\,\%})^{123}$$

$$= 1\,000\,\$ \cdot (1 + 0{,}08)^{123}$$

$$= 1\,000\,\$ \cdot 1{,}08^{123}$$

$$= 12\,915\,818{,}25\,\$$$

Hier bietet es sich an, die Prozentzahl in eine Dezimalzahl umzuwandeln.

Nick erhält 12 915 818,25 \$ von der Bank.

b Lennard erhält von seinem Groß- vater zum 18. Geburtstag ein Spar- buch mit 8 500 €. Sein Großvater erzählt ihm, dass er das Geld zu seiner Geburt zu einem Zinssatz von 5 % angelegt hat.
Wie viel Kapital legte sein Groß- vater damals an?

Lösung:

Zuordnung der Begriffe:

18 Jahre $\rightarrow$ Anzahl der Jahre **n**

8 500 € $\rightarrow$ Kapital K_{18} nach 18 Jahren

5 % $\rightarrow$ Zinssatz **p**

gesucht $\rightarrow$ Anfangskapital K_0

Die Formel wird **nach K_0 aufgelöst** und die entsprechenden Werte werden **eingesetzt**:

$$K_n = K_0 \cdot (1+p)^n \qquad \big| : (1+p)^n$$

$$K_0 = \frac{K_n}{(1+p)^n}$$

$$K_0 = \frac{\mathbf{8\,500\,€}}{(1 + \mathbf{5\,\%})^{18}} = \frac{8\,500\,€}{1{,}05^{18}} \approx 3\,531{,}93\,€$$

Zur Geburt von Lennard legte sein Großvater etwa 3 500 € an.

Vertiefe dein Wissen!

93 Berechne jeweils die fehlenden Werte bei exponentieller Verzinsung.

	K_n	K_0	p	n
a		25 800 €	4,8 %	7
b	5 500 €		3,2 %	4
c		225 000 €	2,5 %	10
d	13 500 €		7,9 %	3

94 Gerhard findet ein altes Sparbuch. Vor 23 Jahren hat er es fast leer geräumt. Der Wert damals war umgerechnet noch 15,60 €. Der Zinssatz lag bei 7,5 %.
Wie viel ist das Sparbuch heute wert, falls eine exponentielle Verzinsung vorliegt?

95 Daniel hat 320 000 € im Lotto gewonnen. Er legt seinen Gewinn bei der Bank an, wo sein Kapital mit 1,5 % exponentiell verzinst wird.

a Berechne das Kapital nach 3 und 5 Jahren.

b Welches Kapital hätte Daniel benötigt, um nach 10 Jahren 400 000 € ausbezahlt zu bekommen?

96 Die exponentielle Verzinsung kann auf Vorgänge in der Biologie angewendet werden: Ein Bakterienstamm wird in einer Stunde verdoppelt. Wir beginnen mit 100 Bakterien.
Wie viele Bakterien gibt es nach 12 Stunden?

97 Ägypten hat etwa 80 500 000 Einwohner. Jedes Jahr nimmt die Bevölkerungszahl um 1,83 % zu.

a Wie viele Einwohner hat Ägypten in 10 Jahren, wenn das Wachstum konstant bleibt?

TIPP
Finde die Lösung durch geschicktes Probieren.

b In wie vielen Jahren hat sich die Bevölkerungszahl voraussichtlich verdoppelt?

98 Die Firma „More Money" hat eine geschickte Anlagestrategie für Geld entwickelt. Sie schafft es, jährlich das Geld mit einem Zinssatz von 7,1 % zu vermehren. Die Firma wirbt mit dem Ausspruch: „Wir verdoppeln ihr Geld in 10 Jahren!"
Entspricht das der Wahrheit?

Vermischte Aufgaben

99 Zur Firmung bekommt Pia 300 € geschenkt. Das Geld wird mit dem Zinssatz 2,1 % über 4 Jahre angelegt.

a Berechne das Kapital nach 4 Jahren bei einer linearen Verzinsung.

b Berechne das Kapital nach 4 Jahren bei einer exponentiellen Verzinsung.

c Wie viel Kapital müsste Pia anlegen, damit sie bei einer exponentiellen Verzinsung nach 4 Jahren 400 € erhält?

100 Bernhard hat einen Handwerksbetrieb. Er muss dafür Gewerbesteuern zahlen. Leider hatte er in der letzten Zeit nicht genügend Aufträge und ist in Zahlungsverzug. Der Gemeinderat gestattet ihm einen Aufschub: „Du zahlst in 9 Monaten den Schuldbetrag von 6 543,21 €. Der Zinssatz beträgt $\frac{4}{12}$ % pro Monat."

a Wie viel muss Bernhard nach 9 Monaten bei exponentieller Verzinsung an die Gemeinde zahlen?

b Bernhard spricht beim Bürgermeister vor: „Ich zahle den gleichen Betrag wie bei der exponentiellen Verzinsung, möchte aber linear verzinst werden." Wie viel Zeit gewinnt er dabei?

101 Familie Schmidt möchte ein Haus kaufen. Die Kaufsumme beträgt 349 000 €. Das Eigenkapital beträgt 80 000 €. 1,5 % des Kaufpreises erhält der Notar, 3,41 % der Immobilienmakler und 3,5 % der Staat als Grunderwerbssteuer.

a Wie viel Geld muss sich die Familie Schmidt von der Bank leihen (Darlehen)?

TIPP
Berechne für jedes Jahr die Zinsen und die Tilgung. Die Darlehenssumme verringert sich jedes Jahr um die Tilgung im Vorjahr.

b Familie Schmidt möchte 1,8 % des Gesamtdarlehens im ersten Jahr tilgen. Der Zinssatz beträgt 4,5 %.
Stelle einen Tilgungsplan für die ersten 3 Jahre auf, falls jedes Jahr 1,8 % der aktuellen Darlehenssumme getilgt werden. Gehe dabei von einer jährlichen Zahlung aus.

c Die Familie Schmidt kann pro Monat 1 600 € zur Zahlung an die Bank aufbringen.
Berechne ausgehend von dem Darlehensbetrag aus Aufgabe a und dem Zinssatz von 4,5 % einen Tilgungsplan für die ersten 3 Jahre. Gehe dabei von einer jährlichen Zahlung aus.

Vertiefe dein Wissen! ──

 **Test 7**

1 Berechne jeweils die fehlenden Werte.

	Zinsen	Kapital	Zinssatz
a		2 500 €	4,5 %
b	1 200 €	65 000 €	
c	550 €		2,8 %

___ von 6

2 Peter möchte sich ein Flachbildfernsehgerät zulegen. Er wird 400 € anzahlen und den Rest nach einem Jahr bezahlen. Der Elektromarkt verlangt dafür 9,9 % Zinsen.

a Im Elektromarkt steht ein passendes Gerät mit der Auszeichnung 1 398 €. Wie viel Zinsen muss Peter nach einem Jahr bezahlen?

b Peter kann in einem Jahr 1 800 € aufbringen. Wie hoch darf der Preis des Fernsehgerätes heute höchstens sein?

___ von 7

3 Familie Meier muss das Dach ihres Hauses sanieren. Die Kosten dafür betragen 25 000 €. 8 000 € kann Familie Meier zahlen, der Rest soll auf 4 Jahre bei einem Zinssatz von 5,5 % finanziert werden.
Welcher Gesamtbetrag wird nach vier Jahren auf einmal zurückbezahlt, falls

a linear   **b** exponentiell

___ von 8   verzinst wird?

4 Rebecca bekam heute überraschend Post von der Bank. Ein Sparvertrag mit einer exponentiellen Verzinsung und einem Zinssatz von 6,5 % wird fällig. Sie erhält 14 080 € ausbezahlt.

___ von 4   Welches Kapital hat sie vor 10 Jahren angelegt?

5 Die Anzahl der Computerviren wächst exponentiell. Pro Jahr wächst die Anzahl im Mittel um 30 %. Im Jahr 2000 gab es ca. 45 000 verschiedene Computerviren.

___ von 5   Wie viele sind es im Jahr 2014?

30 bis 21	20 bis 12	11 bis 0

So lange habe ich gebraucht: _____

So viele Punkte habe ich erreicht: _____

 Teste dein Wissen!

Test 8

1 Berechne jeweils die fehlenden Werte.

	Zinsen	Kapital	Zinssatz
a	550 €		5,8 %
b		980 €	9,8 %
c	7 541 €	50 000 €	

___ von 6

2 Bernhard leiht seinem Bruder Christian 15 000 €. Sie vereinbaren eine lineare Verzinsung mit dem Zinssatz 0,01 % pro Tag.

a Nach 250 Tagen zahlt Christian die 15 000 € zurück.
Wie viel Zinsen muss er noch zusätzlich bezahlen?

b Wie viele Tage muss sich Christian das Geld leihen, damit Bernhard 750 € Zinsen bekommt?

___ von 7

3 Ein neuer Laptop kostet 760 €. Der Elektromarkt wirbt mit einer Barzahlung nach einem Jahr. Dann muss man 790 € bezahlen.
Berechne den jährlichen Zinssatz.

___ von 4

4 Familie Müller leiht sich 75 000 € für einen Hausumbau. Die Bank setzt einen Zinssatz von 3,9 % an. Die ersten fünf Jahre sollen tilgungsfrei sein.
Wie viel Zinsen zahlt Familie Müller, falls

a die Zinsen jährlich bezahlt werden,

b die Zinsen nach fünf Jahren bezahlt werden.

___ von 7

5 Basti legt 500 € mit einem Zinssatz von 4,5 % an. Kathrin legt 400 € mit einem Zinssatz von 6,5 % an. Beide Kapitale werden linear verzinst.
Nach wie vielen Jahren hat Kathrin mehr Kapital als Basti?

___ von 6

30 bis 21	20 bis 12	11 bis 0

So lange habe ich gebraucht: _____

So viele Punkte habe ich erreicht: _____

Teste dein Wissen!

Lösungen

1 **a** Das Rechteck wurde in **15** gleich große Teile zerlegt, von denen **5** markiert wurden:

$$\frac{5}{15} = \frac{1}{3}$$

b Das Rechteck wurde in **30** gleich große Teile zerlegt, von denen **16** markiert wurden:

$$\frac{16}{30} = \frac{8}{15}$$

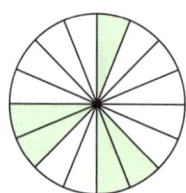

c Der Kreis wurde in **8** gleich große Teile zerlegt, von denen **3** markiert wurden:

$$\frac{3}{8}$$

d Der Kreis wurde in **16** gleich große Teile zerlegt, von denen **5** markiert wurden:

$$\frac{5}{16}$$

e Das Dreieck wurde in **25** gleich große Teile zerlegt, von denen **8** markiert wurden:

$$\frac{8}{25}$$

f Die Raute wurde in **16** gleich große Teile zerlegt, von denen **1** Teil markiert wurde:

$$\frac{1}{16}$$

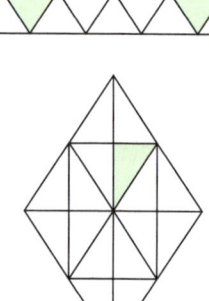

2   **a**   Für $\frac{7}{12}$ muss der Kreis bzw. das Rechteck in **12** Teile zerlegt werden, von denen **7** markiert werden.

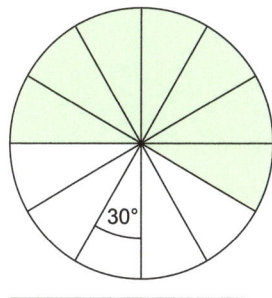

7 markiert
12 gleich große Kreissektoren

Mittelpunktswinkel: $360° : 12 = 30°$

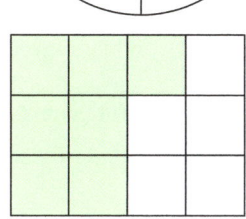

7 Teile markiert
Rechteck aus $12 = 3 \cdot 4$ Teilen

b   Für $\frac{3}{8}$ muss der Kreis bzw. das Rechteck in **8** Teile zerlegt werden, von denen **3** markiert werden.

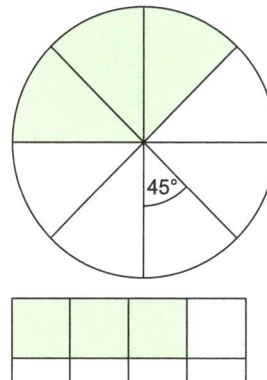

3 markiert
8 gleich große Kreissektoren

Mittelpunktswinkel: $360° : 8 = 45°$

3 Teile markiert
Rechteck aus $8 = 2 \cdot 4$ Teilen

c   Für $\frac{7}{15}$ muss der Kreis bzw. das Rechteck in **15** Teile zerlegt werden, von denen **7** markiert werden.

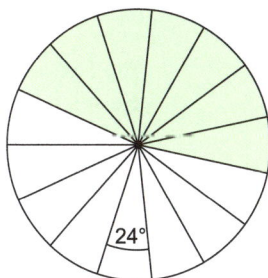

7 markiert
15 gleich große Kreissektoren

Mittelpunktswinkel: $360° : 15 = 24°$

Hast du's gewusst?

7 Teile markiert
Rechteck aus $15 = 3 \cdot 5$ Teilen

d Für $1\frac{3}{5}$ muss der Kreis bzw. das Rechteck in **5** Teile zerlegt werden, von denen **3** markiert werden. Zusätzlich wird noch ein **ganzer Kreis** bzw. ein **ganzes Rechteck** benötigt.

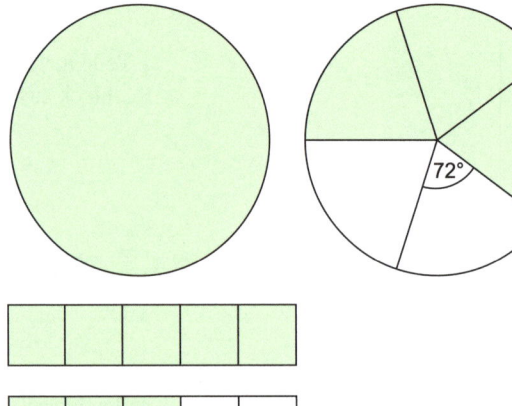

3 markiert
5 gleich große Kreissektoren

Mittelpunktswinkel: $360° : 5 = 72°$

3 Teile markiert
Rechteck aus $5 = 1 \cdot 5$ Teilen

3 **a** $\frac{3}{4}$ von $16 = \frac{3}{4} \cdot 16 = \frac{3 \cdot 16}{4} = 12$

Ersetze „von" durch „·".

b $\frac{2}{3}$ von $7 = \frac{2}{3} \cdot 7 = \frac{2 \cdot 7}{3} = \frac{14}{3} = 4\frac{2}{3}$

c $\frac{3}{2}$ von $15 = \frac{3}{2} \cdot 15 = \frac{3 \cdot 15}{2} = \frac{45}{2} = 22\frac{1}{2}$

d $\frac{7}{9}$ von $63 = \frac{7}{9} \cdot 63 = \frac{7 \cdot 63}{9} = 49$

e $\frac{3}{5}$ von $\square = 15$

$\frac{3}{5}$ · $\square = 15$

$\square = 15 : \frac{3}{5}$

$\square = 15 \cdot \frac{5}{3}$

$\square = 25$

Ein Faktor ist gesucht.
Beispiel:

$7 \cdot \square = 14$

$\square = 14 : 7$

$\square = 2$

Division liefert das Ergebnis.

f $\dfrac{7}{8}$ von $\boxed{} = 392$

$\dfrac{7}{8}$ · $\boxed{} = 392$ Division liefert das Ergebnis.

$\boxed{} = 392 : \dfrac{7}{8}$

$\boxed{} = 392 \cdot \dfrac{8}{7}$

$\boxed{} = 448$

g $\dfrac{5}{3}$ von $\boxed{} = 30$

$\dfrac{5}{3}$ · $\boxed{} = 30$ Division liefert das Ergebnis.

$\boxed{} = 30 : \dfrac{5}{3}$

$\boxed{} = 30 \cdot \dfrac{3}{5}$

$\boxed{} = 18$

h $1\dfrac{5}{6}$ von $\boxed{} = 264$

$1\dfrac{5}{6}$ · $\boxed{} = 264$ Division liefert das Ergebnis.

$\boxed{} = 264 : 1\dfrac{5}{6}$ $1\dfrac{5}{6} = \dfrac{11}{6}$

$\boxed{} = 264 \cdot \dfrac{6}{11}$

$\boxed{} = 144$

i $\boxed{}$ von $45 = 15$

$\boxed{}$ · $45 = 15$ Ein Faktor ist gesucht.

$\boxed{} = 15 : 45$ Beispiel:

$\boxed{} = \dfrac{15}{45}$ $\boxed{} \cdot 3 = 6$

$\boxed{} = \dfrac{1}{3}$ $\boxed{} = 6 : 3$

     $\boxed{} = 2$

Division liefert das Ergebnis.

j $\boxed{}$ von $15 = 45$

$\boxed{}$ · $15 = 45$ Division liefert das Ergebnis.

$\boxed{} = 45 : 15$

$\boxed{} = 3$

Hast du's gewusst?

k $\square$ von $\quad 1,44 = 1,96$

$\square \quad \cdot \quad 1,44 = 1,96$ $\qquad$ Division liefert das Ergebnis.

$\square = 1,96 : 1,44$

$\square = \dfrac{1,96}{1,44}$

$\square = \dfrac{196}{144}$

$\square = \dfrac{49}{36}$

$\square = 1\dfrac{13}{36}$

l $\square$ von $\quad 810 = 8\,910$

$\square \quad \cdot \quad 810 = 8\,910$ $\qquad$ Division liefert das Ergebnis.

$\square = 8\,910 : 810$

$\square = 11$

m $\dfrac{4}{3}$ von $\dfrac{3}{4}$ von $22 = \dfrac{4}{3} \cdot \dfrac{3}{4} \cdot 22 = \dfrac{4 \cdot 3 \cdot 22}{3 \cdot 4} = 22$

n $\dfrac{7}{9}$ von $\dfrac{3}{4}$ von $72 = \dfrac{7}{9} \cdot \dfrac{3}{4} \cdot 72 = \dfrac{7 \cdot 3 \cdot 72}{9 \cdot 4} = \dfrac{7 \cdot 3 \cdot 8}{1 \cdot 4} = 7 \cdot 3 \cdot 2 = 42$

o $1\dfrac{5}{7}$ von $\dfrac{7}{6}$ von $14 = \dfrac{12}{7} \cdot \dfrac{7}{6} \cdot 14 = \dfrac{12 \cdot 7 \cdot 14}{7 \cdot 6} = \dfrac{2 \cdot 1 \cdot 14}{1 \cdot 1} = 28$

p $\dfrac{1}{14}$ von $\square$ von $\quad 25 = 2,5$

$\dfrac{1}{14} \quad \cdot \quad \square \quad \cdot \quad 25 = 2,5$ $\qquad$ Kommutativgesetz Multiplikation

$\square \quad \cdot \quad \dfrac{25}{14} = 2,5$ $\qquad$ Division liefert das Ergebnis.

$\square = 2,5 : \dfrac{25}{14}$

$\square = \dfrac{25}{10} \cdot \dfrac{14}{25}$

$\square = \dfrac{14}{10}$

$\square = 1,4$

q ☐ von $\frac{5}{3}$ von $72 = 136$

☐ · $\frac{5}{3}$ · $72 = 136$

☐ · $120 = 136$ Division liefert das Ergebnis.

☐ $= \frac{136}{120}$

☐ $= \frac{17}{15}$

☐ $= 1\frac{2}{15}$

r ☐ von $\frac{1}{3}$ von $17 = 3\frac{2}{9}$

☐ · $\frac{1}{3}$ · $17 = 3\frac{2}{9}$

☐ · $\frac{17}{3} = \frac{29}{9}$ Division liefert das Ergebnis.

☐ $= \frac{29}{9} : \frac{17}{3}$

☐ $= \frac{29}{9} \cdot \frac{3}{17}$

☐ $= \frac{29}{51}$

s $\frac{7}{3}$ von $1\frac{1}{3}$ von ☐ $= \frac{13}{15}$

$\frac{7}{3}$ · $\frac{4}{3}$ · ☐ $= \frac{13}{15}$

$\frac{28}{9}$ · ☐ $= \frac{13}{15}$ Division liefert das Ergebnis.

☐ $= \frac{13}{15} : \frac{28}{9}$

☐ $= \frac{13}{15} \cdot \frac{9}{28}$

☐ $= \frac{39}{140}$

t $\frac{3}{5}$ von $\frac{5}{7}$ von ☐ $= 36$

$\frac{3}{5}$ · $\frac{5}{7}$ · ☐ $= 36$

$\frac{3}{7}$ · ☐ $= 36$ Division liefert das Ergebnis.

☐ $= 36 : \frac{3}{7}$

☐ $= 36 \cdot \frac{7}{3}$

☐ $= 84$

Hast du's gewusst?

u $\frac{1}{2}$ von $\square$ von $43 = 1$

$\frac{1}{2}$ · $\square$ · $43 = 1$ Kommutativgesetz Multiplikation

$\square$ · $\frac{43}{2} = 1$ Division liefert das Ergebnis.

$\square = 1 : \frac{43}{2}$

$\square = 1 \cdot \frac{2}{43}$

$\square = \frac{2}{43}$

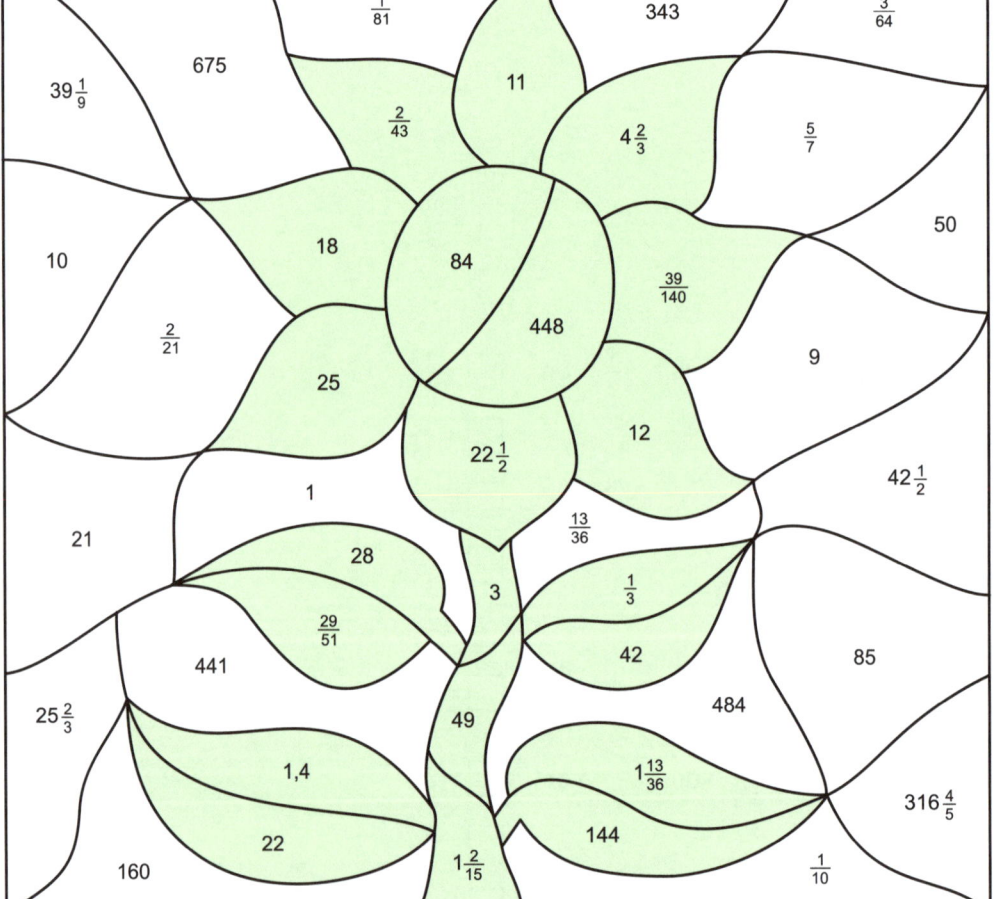

4 Gesamtkosten: 1 200 €
Unterkunft: 680 €

Fahrtkosten:

$\frac{1}{6}$ von 1 200 € = $\frac{1}{6}$ · 1 200 € = 200 €

Zur freien Verfügung:

tatsächlicher Betrag: 1 200 € − 200 € − 680 € = 320 €   Lösung durch Differenz
                                                         vom Ganzen

Anteil: $\frac{320 \, €}{1\,200 \, €} = \frac{32}{120} = \frac{8}{30} = \frac{4}{15}$

David hat 320 € zur freien Verfügung. Das entspricht einem Anteil von $\frac{4}{15}$.

5 Gesamtzeit im Erlebnisbad: 150 Minuten

Schwimmbecken:

tatsächliche Zeit: 25 Minuten

Anteil: $\frac{25 \, min}{150 \, min} = \frac{25}{150} = \frac{1}{6}$

Außenbecken:

Anteil: $\frac{5}{15}$

tatsächliche Zeit: $\frac{5}{15}$ von 150 min = $\frac{5}{15}$ · 150 min = $\frac{5 \cdot 150}{15}$ min = 50 min

Rutschen:

tatsächliche Zeit: 150 min − 25 min − 50 min = 75 min   Lösung durch Differenz
                                                          vom Ganzen

Anteil: $1 - \frac{1}{6} - \frac{5}{15} = 1 - \frac{5}{30} - \frac{10}{30} = \frac{15}{30} = \frac{1}{2}$

oder:

$\frac{75 \, min}{150 \, min} = \frac{75}{150} = \frac{1}{2}$

6 **3 Personen:**

Es werden $\frac{3}{2}$ der Menge vom Grundrezept benötigt:

Mehl: $\frac{3}{2}$ von 250 g = $\frac{3}{2}$ · 250 g = $\frac{3 \cdot 250}{2}$ g = 375 g

Eier: $\frac{3}{2}$ von 4 = $\frac{3}{2}$ · 4 = $\frac{3 \cdot 4}{2}$ = 6

Milch: $\frac{3}{2}$ von $\frac{3}{8}$ ℓ = $\frac{3}{2}$ · $\frac{3}{8}$ ℓ = $\frac{3 \cdot 3}{2 \cdot 8}$ ℓ = $\frac{9}{16}$ ℓ

Salz: $\frac{3}{2}$ von $\frac{1}{4}$ TL = $\frac{3}{2}$ · $\frac{1}{4}$ TL = $\frac{3 \cdot 1}{2 \cdot 4}$ TL = $\frac{3}{8}$ TL

Hast du's gewusst?

4 Personen:

Es werden $\frac{4}{2}$ der Menge vom Grundrezept benötigt, d. h., die Zutaten werden **verdoppelt**:

Mehl: $2 \cdot 250$ g $= 500$ g

Eier: $2 \cdot 4 = 8$

Milch: $2 \cdot \frac{3}{8}$ ℓ $= \frac{6}{8}$ ℓ $= \frac{3}{4}$ ℓ

Salz: $2 \cdot \frac{1}{4}$ TL $= \frac{2}{4}$ TL $= \frac{1}{2}$ TL

5 Personen:

Es werden $\frac{5}{2}$ der Menge vom Grundrezept benötigt:

Mehl: $\frac{5}{2}$ von 250 g $= \frac{5}{2} \cdot 250$ g $= \frac{5 \cdot 250}{2}$ g $= 625$ g

Eier: $\frac{5}{2}$ von $4 = \frac{5}{2} \cdot 4 = \frac{5 \cdot 4}{2} = 10$

Milch: $\frac{5}{2}$ von $\frac{3}{8}$ ℓ $= \frac{5}{2} \cdot \frac{3}{8}$ ℓ $= \frac{5 \cdot 3}{2 \cdot 8}$ ℓ $= \frac{15}{16}$ ℓ

Salz: $\frac{5}{2}$ von $\frac{1}{4}$ TL $= \frac{5}{2} \cdot \frac{1}{4}$ TL $= \frac{5 \cdot 1}{2 \cdot 4}$ TL $= \frac{5}{8}$ TL

7

a $25\,\% = 250\,‰$

Um von Prozent in Promille umzurechnen, musst du mit 10 multiplizieren: $\frac{1}{100} = \frac{10}{1\,000} = 10 \cdot \frac{1}{1\,000}$

b $25\,‰ = 2,5\,\%$

Um von Promille in Prozent umzurechnen, musst du durch 10 dividieren: $\frac{1}{1\,000} = \frac{1}{10} \cdot \frac{1}{100}$

c $7,5\,\% = 75\,‰$

d $0,007\,\% = 0,07\,‰$

e $725\,\% = 7\,250\,‰$

f $12\,‰ = 1,2\,\%$

g $2,5\,\% = 25\,‰$

h $2,4\,‰ = 0,24\,\%$

i $1\,615\,‰ = 161,5\,\%$

j $235\,\% = 2\,350\,‰$

k $3\frac{1}{6}\,‰ = 3,1\overline{6}\,‰ = 0,31\overline{6}\,\%$

l $2\frac{1}{7}\,‰ = 2,\overline{142857}\,‰ = 0,2\overline{142857}\,\%$

Hast du's gewusst?

a (25 %) 250 ‰

b 25 ‰ 2,5 %

c 75 ‰ 7,5 %

d 0,07 ‰ 0,007 %

e 725 % 7 250 ‰

f 1,2 % 12 ‰

g 45 ‰ 4,5 %

h 2,4 ‰ 0,24 %

i 1 615 ‰ 161,5 %

j 2 350 ‰ 235 %

k 0,31$\overline{6}$ % 3$\frac{1}{6}$ ‰

l 0,$\overline{2142857}$ % 2$\frac{1}{7}$ ‰

8

a $5\% = 5 \cdot \frac{1}{100} = \frac{5}{100} = \frac{1}{20}$

$5\% = 0,05$

Ersetze das Prozentzeichen durch $\frac{1}{100}$.

Verschiebe das Komma um zwei Stellen nach links.

b $28\% = 28 \cdot \frac{1}{100} = \frac{28}{100} = \frac{7}{25}$

$28\% = 0,28$

c $51\% = 51 \cdot \frac{1}{100} = \frac{51}{100}$

$51\% = 0,51$

Hast du's gewusst?

d $99\% = 99 \cdot \frac{1}{100} = \frac{99}{100}$

$99\% = 0{,}99$

e $2\,\text{‰} = 2 \cdot \frac{1}{1\,000} = \frac{2}{1\,000} = \frac{1}{500}$

$2\,\text{‰} = 0{,}002$

Ersetze das Promillezeichen durch $\frac{1}{1\,000}$.

Verschiebe das Komma um drei Stellen nach links.

f $125\% = 125 \cdot \frac{1}{100} = \frac{125}{100} = \frac{5}{4} = 1\frac{1}{4}$

$125\% = 1{,}25$

g $1{,}75\% = 1{,}75 \cdot \frac{1}{100} = \frac{175}{100} \cdot \frac{1}{100} = \frac{175}{10\,000} = \frac{7}{400}$

$1{,}75\% = 0{,}0175$

Wandle die Dezimalzahl in einen unechten Bruch um.

h $25\,\text{‰} = 25 \cdot \frac{1}{1\,000} = \frac{25}{1\,000} = \frac{1}{40}$

$25\,\text{‰} = 0{,}025$

i $298\frac{1}{4}\,\text{‰} = 298\frac{1}{4} \cdot \frac{1}{1\,000} = \frac{1193}{4} \cdot \frac{1}{1\,000} = \frac{1193}{4\,000}$

$298\frac{1}{4}\,\text{‰} = 298{,}25\,\text{‰} = 0{,}29825$

Wandle den gemischten Bruch in einen unechten Bruch um.

Wandle den gemischten Bruch in eine Dezimalzahl um.

j $2\frac{1}{3}\% = 2\frac{1}{3} \cdot \frac{1}{100} = \frac{7}{3} \cdot \frac{1}{100} = \frac{7}{300}$

$2\frac{1}{3}\% = 2{,}\overline{3}\% = 0{,}02\overline{3}$

k $0{,}00013\,\text{‰} = \frac{13}{100\,000} \cdot \frac{1}{1\,000} = \frac{13}{100\,000\,000}$

$0{,}00013\,\text{‰} = 0{,}00000013$

l $42{,}\overline{6}\,\text{‰} = 42\frac{2}{3}\,\text{‰} = 42\frac{2}{3} \cdot \frac{1}{1\,000} = \frac{128}{3} \cdot \frac{1}{1\,000} = \frac{128}{3\,000} = \frac{16}{375}$

$42{,}\overline{6}\,\text{‰} = 0{,}042\overline{6}$

9 **a** $\frac{11}{50} = \frac{22}{100} = 22 \cdot \frac{1}{100} = 22\%$

$\frac{11}{50} = \frac{220}{1\,000} = 220 \cdot \frac{1}{1\,000} = 220\,\text{‰}$

Hier bietet es sich an, den Bruch auf Hundertstel bzw. Tausendstel zu erweitern.

b $2\frac{1}{4} = 2{,}25 = 225\%$

$2\frac{1}{4} = 2{,}25 = 2\,250\,\text{‰}$

Wandle den gemischten Bruch in eine Dezimalzahl um.

Hast du's gewusst?

c $1{,}58 = 158\,\%$

$1{,}58 = 1\,580\,\%o$

Verschiebe das Komma um zwei bzw. drei Stellen nach rechts.

d *Möglichkeit 1:* Erweitern des Bruchs

$\dfrac{9}{5} = \dfrac{180}{100} = 180\,\%$

$\dfrac{9}{5} = \dfrac{1\,800}{1\,000} = 1\,800\,\%o$

Möglichkeit 2: Umwandeln in eine Dezimalzahl

$\dfrac{9}{5} = 1{,}8 = 180\,\%$

$\dfrac{9}{5} = 1{,}8 = 1\,800\,\%o$

e $\dfrac{5}{9} = 0{,}\overline{5} = 55{,}\overline{5}\,\%$

$\dfrac{5}{9} = 0{,}\overline{5} = 555{,}\overline{5}\,\%o$

Dieser Bruch lässt sich nicht auf Hundertstel bzw. Tausendstel erweitern.

f $\dfrac{8}{6} = \dfrac{4}{3} = 1{,}\overline{3} = 133{,}\overline{3}\,\%$

$\dfrac{8}{6} = \dfrac{4}{3} = 1{,}\overline{3} = 1\,333{,}\overline{3}\,\%o$

Dieser Bruch lässt sich nicht auf Hundertstel bzw. Tausendstel erweitern.

10

$225\,\%o = \dfrac{9}{40} = 0{,}225$
$\qquad\qquad$
$225\,\%o = \dfrac{225}{1\,000} = \dfrac{9}{40}$

$1\,050\,\% = 10\dfrac{1}{2} = 10{,}5$
$\qquad\qquad$
$1\,050\,\% = \dfrac{1\,050}{100} = \dfrac{105}{10} = \dfrac{21}{2} = 10\dfrac{1}{2}$

$150\,\% = 1\dfrac{1}{2} = 1{,}5$
$\qquad\qquad$
$150\,\% = \dfrac{150}{100} = \dfrac{3}{2} = 1\dfrac{1}{2}$

$20\,\%o = \dfrac{1}{50} = 0{,}02$
$\qquad\qquad$
$20\,\%o = \dfrac{20}{1\,000} = \dfrac{2}{100} = \dfrac{1}{50}$

$25\,\%o = \dfrac{1}{40} = 0{,}025$
$\qquad\qquad$
$25\,\%o = \dfrac{25}{1\,000} = \dfrac{5}{200} = \dfrac{1}{40}$

$2\dfrac{1}{4}\,\% = \dfrac{9}{400} = 0{,}0225$
$\qquad\qquad$
$2\dfrac{1}{4}\,\% = \dfrac{9}{4} \cdot \dfrac{1}{100} = \dfrac{9}{400}$

$\qquad\qquad\qquad\qquad\qquad\qquad\qquad$
$2\dfrac{1}{4}\,\% = 2{,}25\,\% = 0{,}0225$

$1{,}5\,\% = \dfrac{3}{200} = 0{,}015$
$\qquad\qquad$
$1{,}5\,\% = \dfrac{15}{10} \cdot \dfrac{1}{100} = \dfrac{3}{2} \cdot \dfrac{1}{100} = \dfrac{3}{200}$

$12\,\% = \dfrac{3}{25} = 0{,}12$
$\qquad\qquad$
$12\,\% = \dfrac{12}{100} = \dfrac{3}{25}$

$1{,}2\,\% = \dfrac{3}{250} = 0{,}012$
$\qquad\qquad$
$1{,}2\,\% = \dfrac{12}{10} \cdot \dfrac{1}{100} = \dfrac{6}{5} \cdot \dfrac{1}{100} = \dfrac{3}{5} \cdot \dfrac{1}{50} = \dfrac{3}{250}$

$250\,\% = 2\dfrac{1}{2} = 2{,}5$
$\qquad\qquad$
$250\,\% = \dfrac{250}{100} = \dfrac{5}{2} = 2\dfrac{1}{2}$

Hast du's gewusst?

11   65 %   der Spiele verloren

$\frac{1}{5}$ der Spiele unentschieden

Anteil der gewonnenen Spiele:

$$\mathbf{100\,\%} - \left(65\,\% + \frac{1}{5}\right) = 100\,\% - (65\,\% + 0,2) \qquad \text{Der Anteil für alle Spiele beträgt } 100\,\%.$$
$$= 100\,\% - (65\,\% + 20\,\%)$$
$$= 100\,\% - 85\,\%$$
$$= 15\,\%$$

verloren: $65\,\% = 0,65 = \dfrac{65}{100} = \dfrac{13}{20}$

unentschieden: $20\,\% = 0,2 = \dfrac{2}{10} = \dfrac{1}{5}$

gewonnen: $15\,\% = 0,15 = \dfrac{15}{100} = \dfrac{3}{20}$

12   Für die **Blockflöte** haben sich genauso viele Schüler entschieden wie für die anderen beiden Instrumente zusammen. Dies entspricht der **Hälfte** der Schüler, also **50 %**.

Die restlichen 50 % verteilen sich auf Gitarre (dreimal so viele, also **3 Teile**) und Klavier (**1 Teil**).

$50\,\% : 4 = 12,5\,\%$ Berechnung, wie groß ein Anteil ist

Gitarre: $\mathbf{3} \cdot 12,5\,\% = 37,5\,\%$

Klavier: $\mathbf{1} \cdot 12,5\,\% = 12,5\,\%$

Probe:

Rechnet man alle prozentualen Anteile zusammen, muss man 100 % erhalten:

$50\,\% + 37,5\,\% + 12,5\,\% = 100\,\%$ ✓

13   Die Angebote werden vergleichbar, wenn man sie in der **gleichen Schreibweise** darstellt.

Bank A: **2 %**

Bank B: $\dfrac{3}{200} = \dfrac{15}{1\,000} = 15\,\%\!o = \mathbf{1,5\,\%}$

Bank C: Wenn das 1,025-Fache des einbezahlten Betrags ausgezahlt wird, dann hat sich das Kapital um das 0,025-Fache vermehrt. Das entspricht **2,5 %**.

Bank D: $(0,13)^2 = 0,0169 = \mathbf{1,69\,\%}$

Bank C macht mit 2,5 % Zinsen das beste Angebot.

14

a **15 %**

$170\,‰ = \textbf{17 \%}$

$\dfrac{15}{90} = \dfrac{1}{6} = 0,1\overline{6} = \textbf{16,}\overline{\textbf{6}}\textbf{ \%}$

$0,16 = \textbf{16 \%}$

$15\,\% < 16\,\% < 16,\overline{6}\,\% < 17\,\%$

$15\,\% < 0,16 < \dfrac{15}{90} < 170\,‰$

b $(725\,\%)^2 = \left(\dfrac{725}{100}\right)^2 = \dfrac{525\,625}{10\,000} = \textbf{52,5625}$

$\dfrac{725^2}{1\,\%} = \dfrac{525\,625}{\frac{1}{100}} = \textbf{52\,562\,500}$

$725\,‰ \cdot 10^2 = \dfrac{725}{1\,000} \cdot 100 = \dfrac{725}{10} = \textbf{72,5}$

$(81,3\,\%)^3 = (0,813)^3 = \textbf{0,53736…}$

$0,53736… < 52,5625 < 72,5 < 52\,562\,500$

$(81,3\,\%)^3 < (725\,\%)^2 < 725\,‰ \cdot 10^2 < \dfrac{725^2}{1\,\%}$

c $\dfrac{1\,‰ \cdot 1\,\%}{(1\,\%)^2} = \dfrac{1\,‰}{1\,\%} = \dfrac{\frac{1}{1\,000}}{\frac{1}{100}} = \dfrac{100}{1\,000} = \dfrac{1}{10} = \textbf{0,1}$

$(1\,‰)^2 \cdot 1\,\% = \dfrac{1}{1\,000} \cdot \dfrac{1}{1\,000} \cdot \dfrac{1}{100} = \dfrac{1}{100\,000\,000} = \textbf{10}^{\textbf{-8}}$

$(1\,‰ \cdot 1\,\%)^2 = \dfrac{1}{1\,000} \cdot \dfrac{1}{100} \cdot \dfrac{1}{1\,000} \cdot \dfrac{1}{100} = \dfrac{1}{10\,000\,000\,000} = \textbf{10}^{\textbf{-10}}$

$(1\,\%)^2 \cdot 1\,‰ = \dfrac{1}{100} \cdot \dfrac{1}{100} \cdot \dfrac{1}{1\,000} = \dfrac{1}{10\,000\,000} = \textbf{10}^{\textbf{-7}}$

$10^{-10} < 10^{-8} < 10^{-7} < 0,1$

$(1\,‰ \cdot 1\,\%)^2 < (1\,‰)^2 \cdot 1\,\% < (1\,\%)^2 \cdot 1\,‰ < \dfrac{1\,‰ \cdot 1\,\%}{(1\,\%)^2}$

15

a Grundwert: 85 €

Prozentsatz: 60 %

Prozentwert: 51 €

Achte darauf, welcher Wert das Ganze ist. Der Prozentsatz lässt sich leicht durch das Prozentzeichen zuordnen. Achte darauf, welcher Wert dem prozentualen Anteil entspricht.

b Grundwert: 68 kg

Prozentsatz: 175 %

Prozentwert: 119 kg

Hast du's gewusst?

c Grundwert:　24 Schüler
Prozentsatz:　$33\frac{1}{3}\,\%$
Prozentwert: 8 Schüler

d Grundwert:　25 Schüler
Prozentsatz:　12 %
Prozentwert: 3 Schüler

16　a　$50\,\%$ von $12 = \frac{1}{2} \cdot 12 = 6$

b　$10\,\%$ von $80 = \frac{1}{10} \cdot 80 = 8$

c　$1\,\%$ von $\Box = 70$

$\quad\quad \frac{1}{100} \cdot \Box = 70$

$\quad\quad\quad\quad \Box = 7\,000$

d　$50\,\%$ von $\Box = 84$

$\quad\quad \frac{1}{2} \cdot \Box = 84$

$\quad\quad\quad \Box = 168$

e　$60\,\%$ von $\Box = 60$

$\quad\quad \frac{6}{10} \cdot \Box = 60$

$\quad\quad\quad \Box = 100$

f　$\Box$ von $1\,000 = 100$

$\quad\quad \Box \cdot 1\,000 = 100$

$\quad\quad\quad\quad \Box = \frac{1}{10} = 10\,\%$

g　$\Box$ von $86 = 43$

$\quad\quad \Box \cdot 86 = 43$

$\quad\quad\quad \Box = \frac{1}{2} = 50\,\%$

h　$\Box$ von $500 = 1\,500$

$\quad\quad \Box \cdot 500 = 1\,500$

$\quad\quad\quad \Box = 3 = 300\,\%$

— *Hast du's gewusst?*

Ergänzte Tabelle:

	Prozentsatz	Grundwert	Prozentwert
a	50 %	12	**6**
b	10 %	80	**8**
c	1 %	**7 000**	70
d	50 %	**168**	84
e	60 %	**100**	60
f	**10 %**	1 000	100
g	**50 %**	86	43
h	**300 %**	500	1 500

17 **a** Prozentsatz: 80 %, Grundwert: 20

Für den Prozentwert gilt:

80% von $20 = \frac{4}{5} \cdot 20 = 16$

Christian trifft 16-mal ins Schwarze.

b Prozentsatz: 25 %, Prozentwert: 16

Für den Grundwert gilt:

25% von $\square = 16$

$\frac{1}{4} \cdot \square = 16$

$\square = 16 : \frac{1}{4}$

$\square = 16 \cdot \frac{4}{1}$

$\square = 64$

Es nahmen 64 Schwimmer am Vorlauf teil.

c Grundwert: 500 €, Prozentwert: 100 €

Für den Prozentsatz gilt:

$\square$ von $500 \text{ €} = 100 \text{ €}$

$\square \cdot 500 \text{ €} = 100 \text{ €}$

$\square = \frac{100 \text{ €}}{500 \text{ €}}$

$\square = \frac{1}{5} = 20 \%$

20 % der Gesamteinnahmen darf die Klasse für sich behalten.

Hast du's gewusst?

Test 1

1

a $0,17 = 17\% = 170\permil$

b $\frac{1}{6} = 0,1\overline{6} = 16,\overline{6}\% = 166,\overline{6}\permil$

c $2\frac{1}{5} = 2,2 = 220\% = 2\,200\permil$

d $1\frac{5}{9} = 1,\overline{5} = 155,\overline{5}\% = 1\,555,\overline{5}\permil$

e $\frac{1}{16} = 0,0625 = 6,25\% = 62,5\permil$

f $\frac{1}{25}$ von $80 = \frac{1}{25} \cdot 80 = 3,2 = 320\% = 3\,200\permil$

2

a Das Dreieck wurde in 16 gleich große Teile zerlegt, von denen 3 markiert wurden: $\frac{3}{16}$ (1 BE)

Die Raute wurde in 16 gleich große Teile zerlegt, von denen 4 markiert wurden: $\frac{4}{16} = \frac{1}{4}$ (1 BE)

b Für $\frac{3}{20}$ muss der Kreis bzw. das Rechteck in 20 Teile zerlegt werden, von denen jeweils 3 markiert werden.

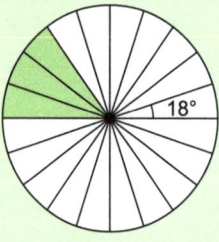

3 markiert
20 gleich große Kreissektoren

Mittelpunktswinkel:
$360° : 20 = 18°$

(4 BE)

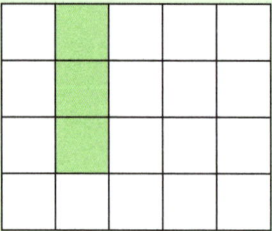

3 Teile markiert
Rechteck aus $20 = 5 \cdot 4$ Teilen

(2 BE)

3

a $\frac{7}{8}$ von $64 = \frac{7}{8} \cdot 64 = 56$ (1 BE)

b $\frac{1}{3}$ von $\square = 510$

$\quad \frac{1}{3} \cdot \square = 510$

$\quad\quad \square = 510 : \frac{1}{3}$

$\quad\quad \square = 510 \cdot 3$

$\quad\quad \square = 1\,530$ (2 BE)

c $\square$ von $72 = 18$

$\quad \square \cdot 72 = 18$

$\quad\quad \square = 18 : 72$

$\quad\quad \square = \frac{18}{72}$

$\quad\quad \square = \frac{1}{4}$ (2 BE)

d $\square$ von $\frac{1}{3}$ von $19 = 2\frac{8}{15}$

$\quad \square \cdot \frac{1}{3} \cdot 19 = 2\frac{8}{15}$

$\quad\quad \square \cdot \frac{19}{3} = \frac{38}{15}$

$\quad\quad\quad \square = \frac{38}{15} \cdot \frac{3}{19}$

$\quad\quad\quad \square = \frac{2}{5}$ (3 BE)

4 Gesamtdauer eines Tages: 24 Stunden

Bett:

Anteil: $\frac{3}{8}$

tatsächliche Zeit: $\frac{3}{8}$ von $24\,\text{h} = \frac{3}{8} \cdot 24\,\text{h} = 9\,\text{h}$

prozentualer Anteil: $\frac{3}{8} = 0{,}375 = 37{,}5\,\%$

Schule:

tatsächliche Zeit: $5\,\text{h}$

Anteil: $\frac{5\,\text{h}}{24\,\text{h}} = \frac{5}{24}$

prozentualer Anteil: $\frac{5}{24} = 0{,}208\overline{3} = 20{,}8\overline{3}\,\%$

Hast du's gewusst?

Essen/Schulweg/Hausaufgaben:

prozentualer Anteil: 25 %

Anteil: $\dfrac{25}{100} = \dfrac{1}{4}$

tatsächlicher Anteil: $\dfrac{1}{4}$ von 24 h $= \dfrac{1}{4} \cdot 24\,\text{h} = 6\,\text{h}$

Freizeit:

tatsächliche Zeit: $24\,\text{h} - 9\,\text{h} - 5\,\text{h} - 6\,\text{h} = 4\,\text{h}$

Anteil: $\dfrac{4\,\text{h}}{24\,\text{h}} = \dfrac{1}{6}$

prozentualer Anteil: $\dfrac{1}{6} = 0{,}1\overline{6} = 16{,}\overline{6}\ \%$

5 50 Sitzplätze, 61 Bewerber

Mindestens 11 Schüler müssen auf die Busfahrt verzichten.

$\square$ von $61 = 11$

$\square \cdot 61 = 11$

$\square = \dfrac{11}{61}$

$\dfrac{11}{61} \approx 0{,}1803 = 18{,}03\ \%$

Mindestens 18,03 % der Schüler müssen auf die Busfahrt verzichten, falls die Plätze im Bus ausreichen sollen.

Test 2

1 **a** $12{,}5\ \% = 0{,}125$

$12{,}5\ \% = \dfrac{125}{1\,000} = \dfrac{1}{8}$

b $130\ \% = 1{,}3$

$130\ \% = \dfrac{130}{100} = \dfrac{13}{10} = 1\dfrac{3}{10}$

c $27\ ‰ = 0{,}027$

$27\ ‰ = \dfrac{27}{1\,000}$

d $5\dfrac{1}{3}\ ‰ = 5{,}\overline{3}\ ‰ = 0{,}005\overline{3}$

$5\dfrac{1}{3}\ ‰ = \dfrac{16}{3}\ ‰ = \dfrac{\frac{16}{3}}{1\,000} = \dfrac{16}{3\,000} = \dfrac{2}{375}$

2 **a** Die Figur kann in 12 gleich große Teile (Dreiecke) zerlegt werden, davon sind 6 markiert: $\frac{6}{12} = \frac{1}{2}$ 　　　　　　　　　　　　　(1 BE)

b Die Figur besteht aus einem Halbkreis. Insgesamt ist ein Viertelkreis, d. h. die Hälfte, markiert: $\frac{1}{2}$ 　　　　　　　　　　(2 BE)

3 **a** $\square$ von $81 = 135$

$\square \cdot 81 = 135$

$\square = 135 : 81$

$\square = \frac{135}{81}$

$\square = 1\frac{2}{3}$ 　　　　　　　　(2 BE)

b $\frac{5}{7}$ von $\square = 240$

$\frac{5}{7} \cdot \square = 240$

$\square = 240 : \frac{5}{7}$

$\square = 240 \cdot \frac{7}{5}$

$\square = 336$ 　　　　　　　　(2 BE)

c $\frac{1}{9}$ von $243 = \frac{1}{9} \cdot 243 = 27$ 　　　　　(1 BE)

d $\frac{1}{2}$ von $\frac{1}{3}$ von $\square = 24$

$\frac{1}{2} \cdot \frac{1}{3} \cdot \square = 24$

$\frac{1}{6} \cdot \square = 24$

$\square = 24 : \frac{1}{6}$

$\square = 24 \cdot 6$

$\square = 144$ 　　　　　　　　(3 BE)

4 **a** **Kino A:**

prozentualer Anteil:　　30 %

Bruch:　　　　　　　$\frac{30}{100} = \frac{3}{10}$

Dezimalbruch:　　　　$\frac{30}{100} = 0,3$

Hast du's gewusst?

Kino B:

Bruch: $\frac{3}{5}$

Dezimalbruch: $\frac{3}{5} = \frac{6}{10} = 0,6$

prozentualer Anteil: $\frac{3}{5} = 0,6 = 60\,\%$

Kino C:

prozentualer Anteil: $100\,\% - 30\,\% - 60\,\% = 10\,\%$

Dezimalbruch: $1 - 0,3 - 0,6 = 0,1$

Bruch: $0,1 = \frac{1}{10}$ (6 BE)

b Der Prozentsatz beträgt 30 % (Kino A), 60 % (Kino B) und 10 % (Kino C). Der Grundwert ist 450. Der Prozentwert ist die jeweilige Besucherzahl in den einzelnen Kinosälen.

Kino A:

$30\,\%$ von $450 = 30\,\% \cdot 450 = 0,3 \cdot 450 = 135$

In Kino A sind 135 Besucher.

Kino B:

$60\,\%$ von $450 = 60\,\% \cdot 450 = 0,6 \cdot 450 = 270$

In Kino B sind 270 Besucher.

Kino C:

$450 - 135 - 270 = 45$

In Kino C sind 45 Besucher. (5 BE)

5 **a** $\frac{1}{3}$ der Schüler sind Jungs.

$1 - \frac{1}{3} = \frac{2}{3}$ der Schüler sind Mädchen.

$\frac{2}{3} = 0,\overline{6} = 66,\overline{6}\,\%$ (2 BE)

b Da die Gesamtzahl der Schüler eine natürliche Zahl sein muss, müssen die Teiler betrachtet werden.

$\frac{1}{3}$ der Schüler sind Jungs.

$\Rightarrow$ Die Gesamtzahl der Schüler ist durch 3 teilbar.

$\frac{3}{7}$ der Schüler sind im sprachlichen Zweig.

$\Rightarrow$ Die Gesamtzahl der Schüler ist durch 7 teilbar.

21 ist die einzige Zahl unter 30, die durch 3 und 7 teilbar ist.

In der Klasse 9a sind 21 Schüler. (4 BE)

18 **a** $13 \text{ von } 13 = \frac{13}{13} = 1 = 100\,\%$

Vor dem Ganzen steht das Wort „von".
Das Ganze muss in den Nenner.

b $12 \text{ von } 100 = \frac{12}{100} = 0,12 = 12\,\%$

c $13 \text{ von } 57 = \frac{13}{57} \approx 0,228 = 22,8\,\%$

d $34 \text{ von } 97 = \frac{34}{97} \approx 0,351 = 35,1\,\%$

e $72 \text{ von } 74 = \frac{72}{74} \approx 0,973 = 97,3\,\%$

f $21 \text{ von } 34 = \frac{21}{34} \approx 0,618 = 61,8\,\%$

g $80 \text{ kg von } 179 \text{ kg} = \frac{80 \text{ kg}}{179 \text{ kg}}$

Die Einheiten werden gekürzt.

$$= \frac{80}{179}$$
$$\approx 0,447$$
$$= 44,7\,\%$$

h $25 \text{ min von } 2 \text{ h} = 25 \text{ min von } 120 \text{ min}$

Achte auf gleiche Einheiten.
Erst dann dürfen die Einheiten gekürzt werden.

$$= \frac{25 \text{ min}}{120 \text{ min}}$$
$$\approx 0,208$$
$$= 20,8\,\%$$

19 **a** von   51   auf   68
        Nenner   **Zähler**

$\frac{68}{51} \approx 1,333 = 133,3\,\%$

51 entspricht einem Anteil von 100 %.
68 entspricht einem Anteil von 133,3 %.

Prozentuale Änderung:
133,3 % − 100 % = 33,3 %
Zunahme um 33,3 %

Prozentwert ist größer als Grundwert.

b von   53   auf   106
      Nenner   **Zähler**

$\frac{106}{53} = 2 = 200\,\%$

53 entspricht einem Anteil von 100 %.
106 entspricht einem Anteil von 200 %.

Prozentuale Änderung:
200 % − 100 % = 100 %
Zunahme um 100 %

Prozentwert ist größer als Grundwert.

Hast du's gewusst?

c von 100 auf 134

$$\frac{134}{100} = 1,34 = 134\,\%$$

100 entspricht einem Anteil von 100 %.
134 entspricht einem Anteil von 134 %.

Prozentuale Änderung:
$134\,\% - 100\,\% = 34\,\%$
Zunahme um 34 %

Prozentwert ist größer als Grundwert.

d von 24 auf 24

$$\frac{24}{24} = 1 = 100\,\%$$

24 entspricht einem Anteil von 100 %.
24 entspricht einem Anteil von 100 %.

Prozentuale Änderung:
$100\,\% - 100\,\% = 0\,\%$

Weder Zunahme noch Abnahme

e von 120 auf 55

$$\frac{55}{120} \approx 0,458 = 45,8\,\%$$

120 entspricht einem Anteil von 100 %.
55 entspricht einem Anteil von 45,8 %.

Prozentuale Änderung:
$100\,\% - 45,8\,\% = 54,2\,\%$
Abnahme um 54,2 %

Prozentwert ist kleiner als Grundwert.

f von 72 auf 36

$$\frac{36}{72} = 0,5 = 50\,\%$$

72 entspricht einem Anteil von 100 %.
36 entspricht einem Anteil von 50 %.

Prozentuale Änderung:
$100\,\% - 50\,\% = 50\,\%$
Abnahme um 50 %

Prozentwert ist kleiner als Grundwert.

g von 30 kg auf 130 kg

$$\frac{130\,\text{kg}}{30\,\text{kg}} \approx 4,333 = 433,3\,\%$$

30 kg entsprechen einem Anteil von 100 %.
130 kg entsprechen einem Anteil von 433,3 %.

Prozentuale Änderung:
$433,3\,\% - 100\,\% = 333,3\,\%$
Zunahme um 333,3 %

Prozentwert ist größer als Grundwert.

h von 70 € auf 90 €

$$\frac{90\,€}{70\,€} \approx 1,286 = 128,6\,\%$$

70 € entsprechen einem Anteil von 100 %.
90 € entsprechen einem Anteil von 128,6 %.

Prozentuale Änderung:
$128,6\,\% - 100\,\% = 28,6\,\%$
Zunahme um 28,6 %

Prozentwert ist größer als Grundwert.

Hast du's gewusst?

i von 350 g auf 2,45 kg

$$\frac{2,45\,\text{kg}}{350\,\text{g}} = \frac{2,45\,\text{kg}}{0,350\,\text{kg}} = 7 = 700\,\%$$

350 g = 0,350 kg
350 g entsprechen einem Anteil von 100 %.
2,45 kg entsprechen einem Anteil von 700 %.

Prozentuale Änderung:
700 % − 100 % = 600 %
Zunahme um 600 %

Prozentwert ist größer als Grundwert.

j von 4,5 cm² auf 0,2 dm²

$$\frac{0,2\,\text{dm}^2}{4,5\,\text{cm}^2} = \frac{20\,\text{cm}^2}{4,5\,\text{cm}^2} \approx 4,444 = 444,4\,\%$$

$0,2\,\text{dm}^2 = 0,2 \cdot 100\,\text{cm}^2 = 20\,\text{cm}^2$
4,5 cm² entsprechen einem Anteil von 100 %.
0,2 dm² entsprechen einem Anteil von 444,4 %.

Prozentuale Änderung:
444,4 % − 100 % = 344,4 %
Zunahme um 344,4 %

Prozentwert ist größer als Grundwert.

k von 65 min auf 1,2 h

$$\frac{1,2\,\text{h}}{65\,\text{min}} = \frac{72\,\text{min}}{65\,\text{min}} \approx 1,108 = 110,8\,\%$$

1,2 h = 1,2 · 60 min = 72 min
65 min entsprechen einem Anteil von 100 %.
72 min entsprechen einem Anteil von 110,8 %.

Prozentuale Änderung:
110,8 % − 100 % = 10,8 %
Zunahme um 10,8 %

Prozentwert ist größer als Grundwert.

l von 250 dm³ auf 1 m³

$$\frac{1\,\text{m}^3}{250\,\text{dm}^3} = \frac{1\,\text{m}^3}{0,25\,\text{m}^3} = 4 = 400\,\%$$

$250\,\text{dm}^3 = 250 : 1\,000\,\text{m}^3 = 0,25\,\text{m}^3$
250 dm³ entsprechen einem Anteil von 100 %.
1 m³ entspricht einem Anteil von 400 %.

Prozentuale Änderung:
400,0 % − 100 % = 300,0 %
Zunahme um 300 %

Prozentwert ist größer als Grundwert.

20 **a** Jeder prozentuale Anteil der Stimmen bezieht sich auf die abgegebenen Stimmen.

Niklas: 137 von 907 Stimmen

$$\frac{137}{907} \approx 0,151 = \textbf{15,1\,\%}$$

Laura: 282 von 907 Stimmen

$$\frac{282}{907} \approx 0,311 = \textbf{31,1\,\%}$$

Felix: 488 von 907 Stimmen

$$\frac{488}{907} \approx 0,538 = \textbf{53,8\,\%}$$

Hast du's gewusst?

b Säulendiagramm:

Maßstab: $1\% \,\hat{=}\, 1\,mm$

Umrechnung:

15,1 % $\hat{=} 15,1 \cdot 1\,mm = 15,1\,mm = 1,51\,cm$

31,1 % $\hat{=} 31,1 \cdot 1\,mm = 31,1\,mm = 3,11\,cm$

53,8 % $\hat{=} 53,8 \cdot 1\,mm = 53,8\,mm = 5,38\,cm$

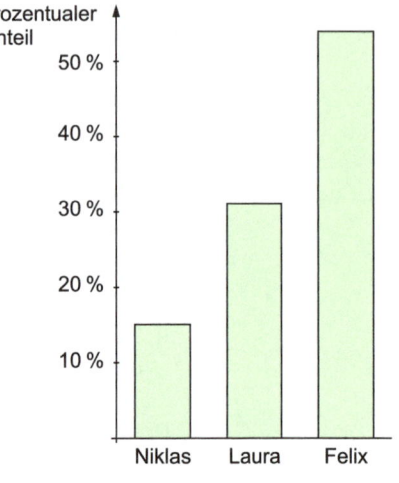

Kreisdiagramm:

Maßstab: $: 100 \left(\begin{array}{l} 100\,\% \,\hat{=}\, 360° \\ 1\% \,\hat{=}\, 3,6° \end{array} \right) : 100$

Umrechnung:

15,1 % $\hat{=} 15,1 \cdot 3,6° = 54,36° \approx 54°$

31,1 % $\hat{=} 31,1 \cdot 3,6° = 111,96° \approx 112°$

53,8 % $\hat{=} 53,8 \cdot 3,6° = 193,68° \approx 194°$

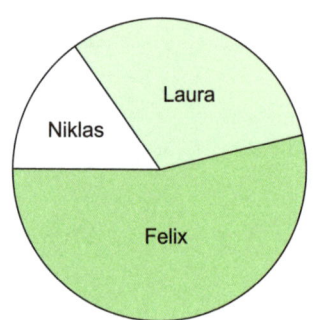

21 Die Anzahl der abgegebenen Stimmen beträgt:

$1\,425 + 1\,296 + 767 = 3\,488$

Kandidat Huber erhielt 1 425 von 3 488 Stimmen, d. h. einen Anteil von:

$\dfrac{1\,425}{3\,488} = 1\,425 : 3\,488 \approx 0,4085 = 40,85\,\%$

Kandidat Meier erhielt 1 296 von 3 488 Stimmen:

$\dfrac{1\,296}{3\,488} = 1\,296 : 3\,488 \approx 0,3716 = 37,16\,\%$

Kandidat Müller erhielt 767 von 3 488 Stimmen:

$\dfrac{767}{3\,488} = 767 : 3\,488 \approx 0,2199 = 21,99\,\%$

Die Wahlbeteiligung lag bei:

$\dfrac{3\,488}{4\,561} = 3\,488 : 4\,561 \approx 0,7647 = 76,47\,\%$

22　**a**　$60\,\% \text{ von } 80\,\% = 60\,\% \cdot 80\,\%$

$= 0{,}60 \cdot 0{,}80$

$= 0{,}48$

$= 48\,\%$

Der Anteil eines Anteils wird durch **Multiplikation** berechnet.

b　$15\,\% \text{ von } 20\,\% = 15\,\% \cdot 20\,\% = 0{,}15 \cdot 0{,}20 = 0{,}03 = 3\,\%$

c　$23\,\% \text{ von } 23\,\% = 23\,\% \cdot 23\,\% = 0{,}23 \cdot 0{,}23 = 0{,}0529 = 5{,}29\,\%$

d　$18\,\text{‰ von } 18\,\% = 18\,\text{‰} \cdot 18\,\% = 0{,}018 \cdot 0{,}18 = 0{,}00324 = 3{,}24\,\text{‰} = 0{,}324\,\%$

e　$1{,}5\,\text{‰ von } 15\,\text{‰} = 1{,}5\,\text{‰} \cdot 15\,\text{‰}$

$= 0{,}0015 \cdot 0{,}015$

$= 0{,}0000225$

$= 0{,}0225\,\text{‰}$

$= 0{,}00225\,\%$

f　$1\,436\,\% \text{ von } 15\,245\,\% = 1\,436\,\% \cdot 15\,245\,\%$

$= 14{,}36 \cdot 152{,}45$

$= 2\,189{,}182$

$= 218\,918{,}2\,\%$

23　1. Januar:　Erhöhung um 1,9 %,

　　　　　　　also auf 101,9 %

1. Juli:　　Erhöhung um 1,5 %,

　　　　　　also auf 101,5 %

Das Gehalt wird um 1,9 % erhöht.
Das Gehalt wird daher auf
100 % + 1,9 % = 101,9 % erhöht.
Das Gehalt wird um 1,5 % erhöht.
Das Gehalt wird daher auf
100 % + 1,5 % = 101,5 % erhöht.

a　Berechnung des Prozentsatzes:

$101{,}5\,\% \text{ von } 101{,}9\,\% = 101{,}5\,\% \cdot 101{,}9\,\%$

$= 1{,}015 \cdot 1{,}019$

$\approx 1{,}0343$

$= 103{,}43\,\%$

Bei der zweiten Erhöhung beträgt das Gehalt bereits 101,9 % vom Anfangsgehalt. Daher müssen **101,5 % von 101,9 %** berechnet werden.

Prozentuale Änderung:
$103{,}43\,\% - 100\,\% = 3{,}43\,\%$

Die gesamte prozentuale Gehaltserhöhung im nächsten Jahr beträgt 3,43 %.

b　Die beiden Erhöhungen beziehen sich auf **verschiedene Grundwerte**.
Der Ansatz in Aufgabe b bezieht sich beim zweiten Summanden 1,5 % auch auf das Anfangsgehalt, das ist falsch. Das Gehalt hat sich bei der zweiten Erhöhung bereits auf 101,9 % erhöht.
Auch wenn sich die unterschiedlichen Ergebnisse erst in der zweiten Stelle nach dem Komma offenbaren, ist es unbedingt notwendig, den ersten Prozentwert für die Berechnung der zweiten Erhöhung zu verwenden.

Hast du's gewusst?

24 60 % Nachmittagsunterricht, davon 20 % Mensaessen
Der Prozentsatz wird durch Multiplikation berechnet:
20 % von 60 % = 20 % · 60 % = 0,20 · 0,60 = 0,12 = 12 %
12 % der Schüler essen am Dienstag in der Mensa.

25 1. Rabatt 10 % $\Rightarrow$ 100 % – 10 % = 90 % des Grundpreises (Grundwertes)
2. Rabatt 15 % $\Rightarrow$ 100 % – 15 % = 85 % des Grundpreises (Grundwertes)

a Der Prozentsatz wird durch Multiplikation berechnet:
90 % von 85 % = 0,90 · 0,85 = 0,765 = 76,5 %
85 % von 90 % = 0,85 · 0,90 = 0,765 = 76,5 %
Die Reihenfolge ist dabei wegen des Kommutativgesetzes (Vertauschungsgesetz) der Multiplikation egal.
Das Auto kostet nach den beiden Rabatten 76,5 % des Neupreises.

b Die Rabatte beziehen sich auf **verschiedene Grundwerte**.
Würde man beide Prozentsätze zusammenzählen, würden sowohl die 10 % als auch die 15 % vom Anfangspreis abgezogen werden, d. h., die Ersparnis würde für den Käufer größer werden.

26 **a** 47 von 13:

$p = \dfrac{47}{13} \approx 3,615 = 361,5\,\%$ Einsetzen von W = 47 und G = 13 in $p = \dfrac{W}{G}$

b 38 von 19:

$p = \dfrac{38}{19} = 2 = 200\,\%$ Einsetzen von W = 38 und G = 19 in $p = \dfrac{W}{G}$

c 65 € von 87 €:

$p = \dfrac{65\,€}{87\,€} \approx 0,747 = 74,7\,\%$ Einsetzen von W = 65 € und G = 87 € in $p = \dfrac{W}{G}$

d 250 g von 1,55 kg: 1,55 kg = 1 550 g

$p = \dfrac{250\,g}{1\,550\,g} \approx 0,161 = 16,1\,\%$ Einsetzen von W = 250 g und G = 1 550 g in $p = \dfrac{W}{G}$

e 35 mm² von 0,1 dm²: 0,1 dm² = 0,1 · 10 000 mm² = 1 000 mm²

$p = \dfrac{35\,mm^2}{1\,000\,mm^2} \approx 0,035 = 3,5\,\%$ Einsetzen von W = 35 mm² und G = 1 000 mm² in $p = \dfrac{W}{G}$

f 450 ℓ von 1 m³: 450 ℓ = 0,450 m³

$p = \dfrac{0,450\,m^3}{1\,m^3} \approx 0,450 = 45,0\,\%$ Einsetzen von W = 0,450 m³ und G = 1 m³ in $p = \dfrac{W}{G}$

Hast du's gewusst?

27   24 von 32

$p = \dfrac{24}{32} = 0,75 = 75\,\%$ Einsetzen von W = 24 und G = 32 in $p = \dfrac{W}{G}$

75 % der Schüler gehen auf die Party.

28   Schwein:

$p = \dfrac{25}{50} = 0,5 = 50\,\%$ Einsetzen von W = 25 kg und G = 50 kg in $p = \dfrac{W}{G}$

Löwe:

$p = \dfrac{180}{50} = 3,6 = 360\,\%$ Einsetzen von W = 180 kg und G = 50 kg in $p = \dfrac{W}{G}$

Giraffe:

$p = \dfrac{1\,600}{50} = 32 = 3\,200\,\%$ Einsetzen von W = 1 600 kg und G = 50 kg in $p = \dfrac{W}{G}$

Maus:

$p = \dfrac{0,02}{50} = 0,0004 = 0,04\,\%$ Einsetzen von W = 20 g = 0,02 kg und G = 50 kg in $p = \dfrac{W}{G}$

Igel:

$p = \dfrac{2}{50} = \dfrac{4}{100} = 4\,\%$ Einsetzen von W = 2 kg und G = 50 kg in $p = \dfrac{W}{G}$

Nashorn:

$p = \dfrac{2\,800}{50} = 56 = 5\,600\,\%$ Einsetzen von W = 2 800 kg und G = 50 kg in $p = \dfrac{W}{G}$

Zebra:

$p = \dfrac{300}{50} = 6 = 600\,\%$ Einsetzen von W = 300 kg und G = 50 kg in $p = \dfrac{W}{G}$

29   Steigerung um 8 %
Abnahme   um 8 %

Trotz des gleichen Prozentsatzes ist die **absolute Abnahme** am zweiten Tag **größer als die Zunahme** des Aktienwertes am ersten Tag. Dies liegt an den **verschiedenen Grundwerten**. Der Grundwert für die Berechnung der Abnahme ist wegen der Steigerung am ersten Tag größer als der Grundwert für die Berechnung der Zunahme am ersten Tag.

Insgesamt ist die Aktie nach den beiden Tagen weniger wert als zu Beginn.

Hast du's gewusst?

30

Kosten für eine Zeitung: 3,80 €

Kosten für 52 Zeitungen: $52 \cdot 3,80\ € = 197,60\ €$ Grundwert

Kosten für ein Abonnement: 165 €   Prozentwert

a 165 € von 197,60 €:

$$p = \frac{165\ €}{197,60\ €} \approx 0,835 = 83,5\ \%$$ Einsetzen von $W = 165\ €$ und $G = 197,60\ €$ in $p = \frac{W}{G}$

$$100\ \% - 83,5\ \% = 16,5\ \%$$

Die Ersparnis beträgt 16,5 %.

b $P_{\text{nach 2 Jahren}} = \dfrac{\mathbf{2} \cdot 165\ €}{\mathbf{2} \cdot 197,60\ €} = \dfrac{165\ €}{197,60\ €} \approx 0,835 = 83,5\ \%$

$$100\ \% - 83,5\ \% = 16,5\ \%$$

Die prozentuale Ersparnis nach zwei Jahren ist die gleiche wie nach einem Jahr. Sowohl Zähler als auch Nenner werden mit dem **gleichen Faktor** multipliziert, mit dem man anschließend wieder kürzen kann.

31

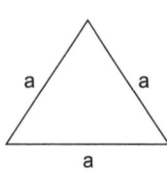

alter Garten

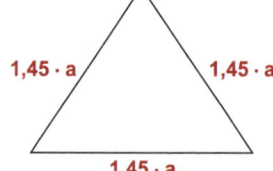

neuer Garten

a Umfang: $U_{\text{alt}} = 3 \cdot a$ Grundwert

              $U_{\text{neu}} = 3 \cdot 1,45 \cdot a$ Prozentwert

$$p = \frac{U_{\text{neu}}}{U_{\text{alt}}} = \frac{3 \cdot 1,45 \cdot a}{3 \cdot a} = \frac{1,45}{1} = 1,45 = 145\ \%$$

$$145\ \% - 100\ \% = 45\ \%$$

Der Umfang erhöht sich ebenfalls um 45 %.

b Flächeninhalt eines Dreiecks: $A = \frac{1}{2} \cdot g \cdot h$

$$A_{\text{alt}} = \frac{1}{2} \cdot a \cdot h_a = \frac{1}{2} \cdot a \cdot 0,87\,a$$ Grundwert

$$A_{\text{neu}} = \frac{1}{2} \cdot 1,45 \cdot a \cdot h_{a'} = \frac{1}{2} \cdot 1,45 \cdot a \cdot 0,87 \cdot 1,45 \cdot a$$ Prozentwert

$$p = \frac{A_{\text{neu}}}{A_{\text{alt}}} = \frac{\frac{1}{2} \cdot 1,45 \cdot a \cdot 0,87 \cdot 1,45 \cdot a}{\frac{1}{2} \cdot a \cdot 0,87 \cdot a} = \frac{1,45 \cdot 1,45}{1} \approx 2,10 = 210\ \%$$

$$210\ \% - 100\ \% = 110\ \%$$

Der Flächeninhalt erhöht sich um 110 %.

32

a $18\% \text{ von } 90 = 18\% \cdot 90 = 0{,}18 \cdot 90 = 16{,}2$

b $27\% \text{ von } 54 = 27\% \cdot 54 = 0{,}27 \cdot 54 = 14{,}58$

c $35\% \text{ von } 100 = 35\% \cdot 100 = 0{,}35 \cdot 100 = 35$

d $75\% \text{ von } 125 \text{ kg} = 75\% \cdot 125 \text{ kg} = 0{,}75 \cdot 125 \text{ kg} = 93{,}75 \text{ kg}$

e $30\% \text{ von } 6 \text{ h} = 30\% \cdot 6 \text{ h} = 0{,}3 \cdot 6 \text{ h} = 1{,}8 \text{ h}$

f $3{,}5\text{‰ von } 5{,}0 \, \ell = 3{,}5\text{‰} \cdot 5{,}0 \, \ell = 0{,}0035 \cdot 5{,}0 \, \ell = 0{,}0175 \, \ell$

Das Wort „von" wird durch „·" ersetzt. Die Prozentzahl wird in eine Dezimalzahl umgewandelt.

33

a Zunahme um $20\% \Rightarrow 100\% \mathbf{\color{red}{+ 20\%}} = 120\%$
$\mathbf{\color{red}{120\%}} \text{ von } 67 \, € = 120\% \cdot 67 \, € = 1{,}2 \cdot 67 \, € = 80{,}40 \, €$

b Zunahme um $80\% \Rightarrow 100\% + 80\% = 180\%$
$180\% \text{ von } 90 \, € = 180\% \cdot 90 \, € = 1{,}8 \cdot 90 \, € = 162 \, €$

c Zunahme um $100\% \Rightarrow 100\% + 100\% = 200\%$
$200\% \text{ von } 150 \, € = 200\% \cdot 150 \, € = 2 \cdot 150 \, € = 300 \, €$

d Zunahme um $150\% \Rightarrow 100\% + 150\% = 250\%$
$250\% \text{ von } 75 \, € = 250\% \cdot 75 \, € = 2{,}5 \cdot 75 \, € = 187{,}50 \, €$

e Zunahme um $300\% \Rightarrow 100\% + 300\% = 400\%$
$400\% \text{ von } 88 \, € = 400\% \cdot 88 \, € = 4 \cdot 88 \, € = 352 \, €$

f Zunahme um $1\,000\% \Rightarrow 100\% + 1\,000\% = 1\,100\%$
$1\,100\% \text{ von } 77 \, € = 1\,100\% \cdot 77 \, € = 11 \cdot 77 \, € = 847 \, €$

g Abnahme um $10\% \Rightarrow 100\% \mathbf{\color{red}{- 10\%}} = 90\%$
$\mathbf{\color{red}{90\%}} \text{ von } 123 \, € = 90\% \cdot 123 \, € = 0{,}9 \cdot 123 \, € = 110{,}70 \, €$

h Abnahme um $25\% \Rightarrow 100\% - 25\% = 75\%$
$75\% \text{ von } 65 \, € = 75\% \cdot 65 \, € = 0{,}75 \cdot 65 \, € = 48{,}75 \, €$

i Abnahme um $30\% \Rightarrow 100\% - 30\% = 70\%$
$70\% \text{ von } 55 \, € = 70\% \cdot 55 \, € = 0{,}7 \cdot 55 \, € = 38{,}50 \, €$

j Abnahme um $50\% \Rightarrow 100\% - 50\% = 50\%$
$50\% \text{ von } 28 \, € = 50\% \cdot 28 \, € = 0{,}5 \cdot 28 \, € = 14 \, €$

k Abnahme um $85\% \Rightarrow 100\% - 85\% = 15\%$
$15\% \text{ von } 1\,000 \, € = 15\% \cdot 1\,000 \, € = 0{,}15 \cdot 1\,000 \, € = 150 \, €$

l Abnahme um $100\% \Rightarrow 100\% - 100\% = 0\%$
$0\% \text{ von } 234 \, € = 0 \, €$

Hast du's gewusst?

34 Zieht man einen höheren Anteil als 100 % vom Grundwert ab, landet man prozentual im **negativen Bereich**. Das ist nicht sinnvoll.
Bei einer Abnahme von 100 % vom Grundwert ist der neue Wert 0. Mehr kann man nicht abziehen.

35 **a** 100 % von 25:
$W = 100\,\% \cdot 25 = 1 \cdot 25 = 25$ $\qquad$ Einsetzen von $p = 100\,\%$ und $G = 25$ in $W = p \cdot G$

b 80 % von 65:
$W = 80\,\% \cdot 65 = 0,8 \cdot 65 = 52$ $\qquad$ Einsetzen von $p = 80\,\%$ und $G = 65$ in $W = p \cdot G$

c 500 % von 30:
$W = 500\,\% \cdot 30 = 5 \cdot 30 = 150$ $\qquad$ Einsetzen von $p = 500\,\%$ und $G = 30$ in $W = p \cdot G$

d 150 % von 1,75 kg:
$W = 150\,\% \cdot 1,75 \text{ kg}$ $\qquad$ Einsetzen von $p = 150\,\%$ und $G = 1,75$ kg in $W = p \cdot G$
$ = 1,5 \cdot 1,75 \text{ kg}$
$ = 2,625 \text{ kg}$

e 4,5 % von 125 000 €:
$W = 4,5\,\% \cdot 125\,000 \text{ €}$ $\qquad$ Einsetzen von $p = 4,5\,\%$ und $G = 125\,000$ € in
$ = 0,045 \cdot 125\,000 \text{ €}$ $\qquad$ $W = p \cdot G$
$ = 5\,625 \text{ €}$

f 1 250 ‰ von 575 m²:
$W = 1\,250\,‰ \cdot 575 \text{ m}^2$ $\qquad$ Einsetzen von $p = 1\,250\,‰$ und $G = 575$ m² in
$ = 1,250 \cdot 575 \text{ m}^2$ $\qquad$ $W = p \cdot G$
$ = 718,75 \text{ m}^2$

36 30 % von 50:
$W = 30\,\% \cdot 50 = 0,3 \cdot 50 = 15$ $\qquad$ Einsetzen von $p = 30\,\%$ und $G = 50$ in $W = p \cdot G$
Es sind 15 gelbe Gummibärchen.

37 Der Grundwert beträgt 22 000 €.

a **12 %** Rabatt $\Rightarrow$ $100\,\% - 12\,\% = 88\,\%$
88 % von 22 000 € $= 88\,\% \cdot 22\,000 \text{ €} = 0,88 \cdot 22\,000 \text{ €} = 19\,360 \text{ €}$
2 % Rabatt $\Rightarrow$ $100\,\% - 2\,\% = 98\,\%$
98 % von 19 360 € $= 98\,\% \cdot 19\,360 \text{ €} = 0,98 \cdot 19\,360 \text{ €} = 18\,972,80 \text{ €}$

b **2 %** Rabatt $\Rightarrow$ $100\,\% - 2\,\% = 98\,\%$
98 % von 22 000 € $= 98\,\% \cdot 22\,000 \text{ €} = 0,98 \cdot 22\,000 \text{ €} = 21\,560 \text{ €}$

Hast du's gewusst?

12 % Rabatt $\Rightarrow$ 100 % − 12 % = 88 %

88 % von 21 560 € = 88 % · 21 560 € = 0,88 · 21 560 € = 18 972,80 €

c **14 %** Rabatt $\Rightarrow$ 100 % − 14 % = 86 %

86 % von 22 000 € = 86 % · 22 000 € = 0,86 · 22 000 € = 18 920 €

d Die Ergebnisse in den Teilaufgaben a und b sind aufgrund des **Kommutativ-gesetzes** (Vertauschungsgesetz) gleich.

98 % · 88 % · 22 000 € = 88 % · 98 % · 22 000 €

In Teilaufgabe c wendet man beide Prozentsätze auf den gleichen **Grundwert** an. Bei den Teilaufgaben a und b verändert sich der Grundwert in der zweiten Rechnung.

38 **a** *Möglichkeit 1:*

Der Preisnachlass beträgt **15 % von 74 €**.

W = 15 % · 74 €   Einsetzen von p = 15 % und G = 74 € in W = p · G

  = 0,15 · 74 €

  = 11,10 € (Preisnachlass)

74 € − 11,10 € = 62,90 €   Der Preisnachlass wird vom ursprünglichen Preis abgezogen.

Möglichkeit 2:

15 % Preisnachlass bedeutet, dass 100 % − 15 % = **85 % des ursprünglichen Preises** gezahlt werden müssen.

W = 85 % · 74 €   Einsetzen von p = 85 % und G = 74 € in W = p · G

  = 0,85 · 74 €

  = 62,90 €

Peters Schuhe kosten nach dem Preisnachlass 62,90 €.

b Bei den Varianten (1) und (2) erhält man für die Prozentsätze 15 % und 20 % den **gleichen Preis**. Betrachtet man beide Rechnungen, erkennt man das **Kommutativgesetz** der Multiplikation:

15 % · 20 % · 74 € = 20 % · 15 % · 74 €

Die Reihenfolge bei der Multiplikation ist für das Ergebnis unbedeutend.

Der Preis bei der Variante (3) ist geringer. Sowohl die 15 % als auch die 20 % werden mit dem gleichen **Grundwert** verrechnet. Bei den Varianten (1) und (2) ist jedoch der zweite Grundwert kleiner.

c (1) **15 %** Nachlass $\Rightarrow$ 100 % − 15 % = 85 %

    85 % von 74 € = 85 % · 74 € = 0,85 · 74 € = 62,90 €

    20 % Nachlass $\Rightarrow$ 100 % − 20 % = 80 %

    80 % von 62,90 € = 80 % · 62,90 € = 0,80 · 62,90 € = 50,32 €

Hast du's gewusst?

(2) **20 %** Nachlass $\Rightarrow$ 100 % − 20 % = 80 %

80 % von 74 € = 80 % · 74 € = 0,80 · 74 € = 59,20 €

15 % Nachlass $\Rightarrow$ 100 % − 15 % = 85 %

85 % von 59,20 € = 85 % · 59,20 € = 0,85 · 59,20 € = 50,32 €

(3) **35 %** Nachlass $\Rightarrow$ 100 % − 35 % = 65 %

65 % von 74 € = 65 % · 74 € = 0,65 · 74 € = 48,10 €

39

a 30 % sind 80:

$80 \cdot \dfrac{100}{30} \approx 266,7$

Um auf 1 % herunterzurechnen, muss man 80 **durch 30 teilen**. Um auf 100 % zu kommen, wird anschließend **mit 100 multipliziert**.

b 45 % sind 69:

$69 \cdot \dfrac{100}{45} \approx 153,3$

c 150 % sind 200:

$200 \cdot \dfrac{100}{150} \approx 133,3$

d 20 % sind 130 kg:

$130 \, kg \cdot \dfrac{100}{20} = 650 \, kg$

e 145 % sind 200 €:

$200 \, € \cdot \dfrac{100}{145} \approx 137,9 \, €$

f 1 250 % sind 10 m³:

$10 \, m^3 \cdot \dfrac{100}{1\,250} = 0,8 \, m^3$

40

2 % sind 15 kg:

$15 \, kg \cdot \dfrac{100}{2} = 750 \, kg$

Die Lieferung enthielt 750 kg Bananen.

41

a 5 % sind 100:

$G = \dfrac{100}{5\,\%} = \dfrac{100}{\frac{5}{100}} = 100 \cdot \dfrac{100}{5} = 2\,000$

Einsetzen von W = 100 und p = 5 % in $G = \dfrac{W}{p}$

b 100 % sind 121:

$G = \dfrac{121}{100\,\%} = \dfrac{121}{\frac{100}{100}} = 121 \cdot \dfrac{100}{100} = 121$

Einsetzen von W = 121 und p = 100 % in $G = \dfrac{W}{p}$

Hast du's gewusst?

c 365 % sind 333:

$$G = \frac{333}{365\,\%} = \frac{333}{\frac{365}{100}} = 333 \cdot \frac{100}{365} \approx 91,2$$

Einsetzen von W = 333 und p = 365 % in $G = \frac{W}{p}$

d 75 % sind 1 h 30 min = 90 min:

$$G = \frac{90\,\text{min}}{75\,\%} = \frac{90\,\text{min}}{\frac{75}{100}} = 90\,\text{min} \cdot \frac{100}{75} = 120\,\text{min} = 2\,\text{h}$$

1 h 30 min = 60 min + 30 min
= 90 min

Einsetzen von W = 90 min und p = 75 % in $G = \frac{W}{p}$

e 1 % sind 12,45 kg:

$$G = \frac{12,45\,\text{kg}}{1\,\%} = \frac{12,45\,\text{kg}}{\frac{1}{100}} = 12,45\,\text{kg} \cdot \frac{100}{1} = 1\,245\,\text{kg}$$

Einsetzen von W = 12,45 kg und p = 1 % in $G = \frac{W}{p}$

f 35 ‰ sind 0,4 dm²:

$$G = \frac{0,4\,\text{dm}^2}{35\,\text{‰}} = \frac{0,4\,\text{dm}^2}{\frac{35}{1\,000}} = 0,4\,\text{dm}^2 \cdot \frac{1\,000}{35} \approx 11,4\,\text{dm}^2$$

Einsetzen von W = 0,4 dm² und p = 35 ‰ in $G = \frac{W}{p}$

---

42 **119 %** sind 420 €.

Der Nettopreis des DVD-Rekorders entspricht dem Grundwert:

$$G = \frac{420\,€}{119\,\%} = 420\,€ \cdot \frac{100}{119} \approx 352,94\,€$$

Das Gerät kostet netto 352,94 €.

Mit 19 % Mehrwertsteuer ist man 19 % über dem Nettopreis, d. h., der Prozentsatz beträgt **100 % + 19 % = 119 %**.

Einsetzen von W = 420 € und p = 119 % in $G = \frac{W}{p}$

---

43 **101,8 %** sind 3 690 €.

Das vorherige Bruttogehalt entspricht dem Grundwert:

$$G = \frac{3\,690\,€}{101,8\,\%} = 3\,690\,€ \cdot \frac{100}{101,8} \approx 3\,624,75\,€$$

Das Bruttogehalt vor der Erhöhung betrug 3 624,75 €.

Nach einer Lohnerhöhung um 1,8 % verdient man **100 % + 1,8 % = 101,8 %** des vorherigen Gehalts.

Einsetzen von W = 3 690 € und p = 101,8 % in $G = \frac{W}{p}$

---

44 85 % sind 55 250 €.

Die Gesamtkosten des Straßenbaus entsprechen dem Grundwert:

$$G = \frac{55\,250\,€}{85\,\%} = 55\,250\,€ \cdot \frac{100}{85} = 65\,000\,€$$

Die Straße kostet insgesamt 65 000 €.

Einsetzen von W = 55 250 € und p = 85 % in $G = \frac{W}{p}$

Hast du's gewusst?

45 Zieht man vom Rechnungsbetrag 10 % ab, zahlt man noch 100 % − 10 % = 90 % der Gesamtforderung.

90 % sind 678 €. Der gestellte Rechnungsbetrag entspricht dem Grundwert:

$$G = \frac{678\ €}{90\ \%} = 678\ € \cdot \frac{100}{90} \approx 753{,}33\ €$$

Einsetzen von W = 678 € und p = 90 % in $G = \frac{W}{p}$

Der gestellte Rechnungsbetrag lautete 753,33 €.

46 Zuerst wird das **Gesamtvolumen** (Grundwert) des quaderförmigen Schwimmbeckens ausgerechnet.

85 % sind 637 500 ℓ.

$$G = \frac{637\,500\ \ell}{85\ \%} = 637\,500\ \ell \cdot \frac{100}{85} = 750\,000\ \ell$$

Einsetzen von W = 637 500 ℓ und p = 85 % in $G = \frac{W}{p}$

Dividiert man nun das Volumen durch Breite und Höhe, erhält man die **Tiefe** des quaderförmigen Beckens:

$$V = \ell \cdot b \cdot h$$

$$h = \frac{V}{\ell \cdot b}$$

Volumeninhalt eines Quaders nach h auflösen und Werte einsetzen

$$= \frac{750\,000\ \ell}{25\ m \cdot 10\ m}$$

1 ℓ = 1 dm³
1 m = 10 dm

$$= \frac{750\,000\ dm^3}{250\ dm \cdot 100\ dm}$$

$$= 30\ dm$$

$$= 3\ m$$

Der Swimmingpool ist von seiner Oberkante weg 3 m tief.

47 Man rechnet hier „**rückwärts**". Es wird zunächst der Grundwert vor der zweiten Erhöhung und anschließend der Grundwert vor der ersten Erhöhung berechnet.

Schritt 1: **Grundwert vor der zweiten Erhöhung**

112 % sind 28,30 €.

100 % + 12 % = 112 %

$$G = \frac{28{,}30\ €}{112\ \%} = 28{,}30\ € \cdot \frac{100}{112} \approx 25{,}27\ €$$

Einsetzen von W = 28,30 € und p = 112 % in $G = \frac{W}{p}$

Schritt 2: **Grundwert vor der ersten Erhöhung**

112 % sind 25,27 €.

$$G = \frac{25{,}27\ €}{112\ \%} = 25{,}27\ € \cdot \frac{100}{112} \approx 22{,}56\ €$$

Einsetzen von W = 25,27 € und p = 112 % in $G = \frac{W}{p}$

Die Aktie der Firma Gewinn AG kostete vor der Steigerung 22,56 €.

48 Schritt 1: **Berechnung der Lohnsteuer**

5,5 % sind 19 €. Die Lohnsteuer ist der Grundwert:

$$G = \frac{19\ €}{5,5\ \%} = 19\ € \cdot \frac{100}{5,5} \approx 345,45\ €$$

Die Lohnsteuer beträgt 345,45 €.

Schritt 2: **Berechnung des Bruttogehalts**

13,6 % sind 345,45 €. Das Bruttogehalt ist der neue Grundwert:

$$G = \frac{345,45\ €}{13,6\ \%} = 345,45\ € \cdot \frac{100}{13,6} \approx 2\,540,07\ €$$

Das Bruttogehalt von Herrn Müller beträgt 2 540,07 €.

Der Solidaritätszuschlag von 19 € entspricht 5,5 % der Lohnsteuer.

Einsetzen von W = 19 € und p = 5,5 % in $G = \frac{W}{p}$

Die Lohnsteuer von 345,45 € entspricht 13,6 % des Bruttogehalts.

Einsetzen von W = 345,45 € und p = 13,6 % in $G = \frac{W}{p}$

49 **a** $p = \dfrac{640\ m^2}{1\,520\ m^2} \approx 0,421 = 42,1\ \%$

Einsetzen von G = 1 520 m² und W = 640 m² in $p = \frac{W}{G}$

b $W = 125\ \% \cdot 80\ kg = 1,25 \cdot 80\ kg = 100\ kg$

Einsetzen von G = 80 kg und p = 125 % in W = p · G

c $G = \dfrac{365\ €}{2,5\ \%} = 365\ € \cdot \dfrac{100}{2,5} = 14\,600\ €$

Einsetzen von W = 365 € und p = 2,5 % in $G = \frac{W}{p}$

d $G = \dfrac{2,5\ t}{225\ \%} = 2,5\ t \cdot \dfrac{100}{225} \approx 1,1\ t$

Einsetzen von W = 2,5 t und p = 225 % in $G = \frac{W}{p}$

e $W = 35\ \% \cdot 1\,250\ €$
$= 0,35 \cdot 1\,250\ €$
$= 437,50\ €$

Einsetzen von G = 1 250 € und p = 35 % in W = p · G

f $p = \dfrac{55\ €}{625\ €} = 0,088 = 8,8\ \%$

Einsetzen von G = 625 € und W = 55 € in $p = \frac{W}{G}$

g $G = \dfrac{15\ m^3}{0,3\ \%} = 15\ m^3 \cdot \dfrac{100}{0,3} = 5\,000\ m^3$

Einsetzen von W = 15 m³ und p = 0,3 % in $G = \frac{W}{p}$

h $p = \dfrac{2\,800\ cm^3}{1\,625\ cm^3} \approx 1,723 = 172,3\ \%$

Einsetzen von G = 1 625 cm³ und W = 2,8 ℓ = 2,8 dm³ = 2 800 cm³ in $p = \frac{W}{G}$

Hast du's gewusst?

Vollständige Tabelle:

	Grundwert	Prozentwert	Prozentsatz
a	1 520 m²	640 m²	**42,1 %**
b	80 kg	**100 kg**	125 %
c	**14 600 €**	365 €	2,5 %
d	**1,1 t**	2,5 t	225 %
e	1 250 €	**437,50 €**	35 %
f	625 €	55 €	**8,8 %**
g	**5 000 m³**	15 m³	0,3 %
h	1 625 cm³	2,8 ℓ	**172,3 %**

50

a Der Preis dieser Woche ist der **Grundwert**: G = 85 €
Lena spart sich 40 % des ursprünglichen Preises. Daher entsprechen 40 % dem **Prozentsatz**: p = 40 %

Für den **Prozentwert** gilt:
W = 40 % · 85 € = 0,40 · 85 € = 34 €
Lena spart sich nächste Woche 34 €.

b Alexander bezahlt nächste Woche 28 €, das ist der **Prozentwert**: W = 28 €
Dieser Preis ist der um 40 % reduzierte Preis. Für den **Prozentsatz** gilt daher:
p = 100 % − 40 % = 60 %

Für den **Grundwert** gilt:

$$G = \frac{28\ €}{60\ \%} = 28\ € \cdot \frac{100}{60} \approx 46,67\ €$$

Der Pullover kostet heute 46,67 €, d. h., Alexander spart nächste Woche
46,67 € − 28 € = 18,67 €.

51

Das Gehalt vorher ist der **Grundwert**: G = 2 758 €
Das Gehalt wird um 2,6 % erhöht. Für den **Prozentsatz** gilt daher:
p = 100 % + 2,6 % = 102,6 %

Für den **Prozentwert** gilt:
W = 102,6 % · 2 758 € = 1,026 · 2 758 € = 2 829,708 € ≈ 2 829,71 €
Der Bruttoverdienst nach der Lohnerhöhung beträgt 2 829,71 €.

52 Der alte Preis ist der **Grundwert**: G = 85 €
Der neue Preis ist der **Prozentwert**: W = 92 €

Für den **Prozentsatz** gilt:

$$p = \frac{92\ €}{85\ €} \approx 1{,}082 = 108{,}2\ \%$$

108,2 % − 100 % = 8,2 %
Die prozentuale Erhöhung beträgt 8,2 %.

53 **a** Schritt 1: **Erhöhung um 9 %**

Der alte Preis ist der **Grundwert**: G = 2,35 €

Der Preis wird um 9 % erhöht. Für den **Prozentsatz** gilt daher:

p = 100 % + 9 % = 109 %

Für den **Prozentwert** gilt:

W = 109 % · 2,35 € = 1,09 · 2,35 € ≈ 2,56 €

Schritt 2: **Senkung um 2,5 %**

Der Preis nach der Erhöhung ist der neue **Grundwert**: G = 2,56 €

Der Preis wird um 2,5 % gesenkt. Für den **Prozentsatz** gilt daher:

p = 100 % − 2,5 % = 97,5 %

Für den **Prozentwert** gilt:

W = 97,5 % · 2,56 € = 0,975 · 2,56 € ≈ 2,50 €

Nach der Senkung kostet der m^3 Abwasser 2,50 €.

b Für die prozentuale Gesamterhöhung muss der Anfangspreis 2,35 € mit dem Preis 2,50 € nach den Protesten verglichen werden.

Der Anfangspreis ist der **Grundwert**: G = 2,35 €

Der Preis nach den Protesten ist der **Prozentwert**: W = 2,50 €

Für den **Prozentsatz** gilt:

$$p = \frac{2{,}50\ €}{2{,}35\ €} \approx 1{,}064 = 106{,}4\ \%$$

106,4 % − 100 % − 6,4 %
Die gesamte prozentuale Erhöhung beträgt 6,4 %.

54 Schritt 1: **Steigerung um 3,5 %**

Der Wert am Morgen ist der **Grundwert**: G = 6 435

Der Wert ist um 3,5 % gestiegen. Für den **Prozentsatz** gilt daher:

p = 100 % + 3,5 % = 103,5 %

Für den **Prozentwert** gilt:

W = 103,5 % · 6 435 = 1,035 · 6 435 ≈ 6 660

Am Mittag ist der DAX-Wert bei 6 660 Punkten.

Hast du's gewusst?

Schritt 2: **Senkung ab Mittag**

Der Wert am Mittag muss mit dem Ergebnis am Abend verglichen werden.

Der Wert am Mittag ist der **Grundwert**: $G = 6\,660$

Der Wert am Abend ist der **Prozentwert**: $W = 6\,435$

Für den **Prozentsatz** gilt:

$$p = \frac{6\,435}{6\,660} \approx 0{,}9662 = 96{,}62\,\%$$

$100\,\% - 96{,}62\,\% = 3{,}38\,\%$

Der DAX-Wert muss ab Mittag um 3,38 % sinken.

---

55 1. Jahr: Erhöhung um 4 %, also um $100\,\% + 4\,\% = 104\,\%$

2. Jahr: Erhöhung um 3 %, also um $100\,\% + 3\,\% = 103\,\%$

Die gesamte prozentuale Zunahme erhält man durch **Multiplikation**:

$103\,\% \cdot 104\,\% = 1{,}03 \cdot 1{,}04 = 1{,}0712 = 107{,}12\,\%$

$107{,}12\,\% - 100\,\% = 7{,}12\,\%$

Die gesamte prozentuale Zunahme beträgt 7,12 %.

---

56 Der bezahlte Betrag ist der **Prozentwert**: $W = 872{,}20$ €

Der Preis wird um 2 % gesenkt. Für den **Prozentsatz** gilt daher:

$p = 100\,\% - 2\,\% = 98\,\%$

Für den **Grundwert** gilt:

$$G = \frac{872{,}20\ €}{98\,\%} = 872{,}20\ € \cdot \frac{100}{98} = 890\ €$$

Der Rechnungsbetrag betrug ursprünglich 890 €.

---

57 Der bezahlte Betrag ist der **Prozentwert**: $W = 2\,345$ €

Aus dem Produkt der Einzelprozentsätze ergibt sich der **Gesamtprozentsatz**:

20 % Rabatt: $100\,\% - 20\,\% = 80\,\%$

15 % Rabatt: $100\,\% - 15\,\% = 85\,\%$

$p = 80\,\% \cdot 85\,\% = 0{,}80 \cdot 0{,}85 = 0{,}68 = 68\,\%$

Für den **Grundwert** gilt:

$$G = \frac{2\,345\ €}{68\,\%} = 2\,345\ € \cdot \frac{100}{68} \approx 3\,449\ €$$

Die Reise kostete ursprünglich 3 449 €.

---

58 **Fernseher:**

Der alte Preis ist der **Grundwert**: $G = 450$ €

Der neue Preis ist der **Prozentwert**: $W = 324$ €

Für den **Prozentsatz** gilt:

$$p = \frac{324\,€}{450\,€} = 0,72 = 72\,\%$$

$100\,\% - 72\,\% = 28\,\%$

Der Nachlass beträgt nur 28 %.

Laptop:

Der alte Preis ist der **Grundwert**: $G = 380\,€$

Der neue Preis ist der **Prozentwert**: $W = 266\,€$

Für den **Prozentsatz** gilt:

$$p = \frac{266\,€}{380\,€} = 0,7 = 70\,\%$$

$100\,\% - 70\,\% = 30\,\%$

Der Laptop wird tatsächlich mit 30 % Rabatt angeboten.

Kamera:

Der alte Preis ist der **Grundwert**: $G = 729\,€$

Der neue Preis ist der **Prozentwert**: $W = 525\,€$

Für den **Prozentsatz** gilt:

$$p = \frac{525\,€}{729\,€} \approx 0,72 = 72\,\%$$

$100\,\% - 72\,\% = 28\,\%$

Der Nachlass beträgt ebenfalls nur 28 %.

59 **a** Erhöhung um 20 % $\Rightarrow$ $100\,\% + 20\,\% = 120\,\%$

Für die neue Kantenlänge gilt:

$a_{neu} = a_{alt} \cdot 120\,\%$

Für das neue Volumen des Würfels gilt:

$$
\begin{aligned}
V_{neu} &= a_{neu} \cdot a_{neu} \cdot a_{neu}\\
&= \underbrace{a_{alt} \cdot 120\,\%}_{a_{neu}} \cdot \underbrace{a_{alt} \cdot 120\,\%}_{a_{neu}} \cdot \underbrace{a_{alt} \cdot 120\,\%}_{a_{neu}}\\
&= \underbrace{a_{alt} \cdot a_{alt} \cdot a_{alt}}_{V_{alt}} \cdot 120\,\% \cdot 120\,\% \cdot 120\,\%\\
&= V_{alt} \cdot (120\,\%)^3\\
&= V_{alt} \cdot 1,2^3\\
&= V_{alt} \cdot 1,728\\
&= V_{alt} \cdot 172,8\,\%
\end{aligned}
$$

Wandle die Prozentzahl in eine Dezimalzahl um, um ihre Potenz zu berechnen.

$172,8\,\% - 100\,\% = 72,8\,\%$

Das Volumen erhöht sich um 72,8 %.

b Verkleinerung um 15 % $\Rightarrow$ 100 % − 15 % = 85 %

Für die neue Kantenlänge gilt:

$a_{neu} = a_{alt} \cdot 85\,\%$

Für die neue Oberfläche gilt:

$$O_{neu} = 6 \cdot a_{neu} \cdot a_{neu}$$

$$= 6 \cdot \underbrace{a_{alt} \cdot 85\,\%}_{a_{neu}} \cdot \underbrace{a_{alt} \cdot 85\,\%}_{a_{neu}}$$

$$= \underbrace{6 \cdot a_{alt} \cdot a_{alt}}_{O_{alt}} \cdot (85\,\%)^2$$

$$= O_{alt} \cdot 0,85^2$$

$$= O_{alt} \cdot 0,7725$$

$$= O_{alt} \cdot 72,25\,\%$$

Wandle die Prozentzahl in eine Dezimalzahl um, um ihre Potenz zu berechnen.

100 % − 72,25 % = 27,75 %

Der Oberflächeninhalt des Würfels verkleinert sich um 27,75 %.

c Erhöhung um 300 % $\Rightarrow$ 100 % + 300 % = 400 %

Für den neuen Radius gilt:

$r_{neu} = r_{alt} \cdot 400\,\%$

Für den neuen Flächeninhalt gilt:

$$A_{neu} = r_{neu}^{\;2} \cdot \pi$$

$$= (\underbrace{r_{alt} \cdot 400\,\%}_{r_{neu}})^2 \cdot \pi$$

$$= r_{alt} \cdot 400\,\% \cdot r_{alt} \cdot 400\,\% \cdot \pi$$

$$= \underbrace{r_{alt} \cdot r_{alt} \cdot \pi}_{A_{alt}} \cdot 400\,\% \cdot 400\,\%$$

$$= A_{alt} \cdot (400\,\%)^2$$

$$= A_{alt} \cdot 4^2$$

$$= A_{alt} \cdot 16$$

$$= A_{alt} \cdot 1\,600\,\%$$

Der Flächeninhalt des Kreises wird versechzehnfacht, er erhöht sich daher um 1 600 % − 100 % = 1 500 %.

d Verkleinerung um 55 % $\Rightarrow$ 100 % − 55 % = 45 %

Für den neuen Radius gilt:

$r_{neu} = r_{alt} \cdot 45\,\%$

Für den neuen Umfang gilt:

$$U_{neu} = 2\,r_{neu} \cdot \pi$$
$$= 2 \cdot \underbrace{r_{alt} \cdot 45\,\%}_{r_{neu}} \cdot \pi$$
$$= \underbrace{2 \cdot r_{alt} \cdot \pi}_{U_{alt}} \cdot 45\,\%$$
$$= U_{alt} \cdot 45\,\%$$

100 % − 45 % = 55 %

Der Umfang verkleinert sich um 55 %.

---

60 Grundwert: Preis der Firma Baumann (B)

Prozentwert: Preis der Firma Hofmann (H)

Verkleinerung um 15 % $\Rightarrow$ 100 % − 15 % = 85 %

$\dfrac{H}{B} = 85\,\% = p_{Baumann}$ $p_{Baumann}$ ist der Prozentsatz mit B als Grundwert.

Nach der Fragestellung müssen **Grund- und Prozentwert vertauscht** werden:

Grundwert: Preis der Firma Hofmann (H)

Prozentwert: Preis der Firma Baumann (B)

$\dfrac{B}{H} = p_{Hofmann}$ $p_{Hofmann}$ ist der Prozentsatz mit H als Grundwert.

$\dfrac{B}{H}$ ist der Kehrwert von $\dfrac{H}{B} = p_{Baumann}$.

Damit gilt:

$$\frac{B}{H} = p_{Hofmann}$$ $\dfrac{H}{B} = p_{Baumann} \;\Rightarrow\; \dfrac{B}{H} = \dfrac{1}{p_{Baumann}}$

$$\frac{1}{p_{Baumann}} = p_{Hofmann}$$

$$\frac{1}{85\,\%} = p_{Hofmann}$$

$$\frac{100}{85} = p_{Hofmann}$$

$p_{Hofmann} \approx 1{,}176 = 117{,}6\,\%$

117,6 % − 100 % = 17,6 %

Die Firma Baumann ist um 17,6 % teurer als die Firma Hofmann.

Hast du's gewusst?

Test 3

1

a von 17 auf 20:

$$\frac{20}{17} \approx 1,176 = 117,6\,\%$$

$117,6\,\% - 100\,\% = 17,6\,\%$

Zunahme um 17,6 %   (2 BE)

b von 143 auf 100:

$$\frac{100}{143} \approx 0,699 = 69,9\,\%$$

$100\,\% - 69,9\,\% = 30,1\,\%$

Abnahme um 30,1 %   (2 BE)

c von 0,035 ha = 3,5 a = 350 m² auf 250 m²:

$$\frac{250\,\text{m}^2}{350\,\text{m}^2} = \frac{5}{7} \approx 0,714 = 71,4\,\%$$

$100\,\% - 71,4\,\% = 28,6\,\%$

Abnahme um 28,6 %   (3 BE)

2

a G = 255 €, W = 312 €

$$p = \frac{312\,\text{€}}{255\,\text{€}} \approx 1,224 = 122,4\,\% \qquad\qquad p = \frac{W}{G}$$

b W = 15 kg, p = 73 %

$$G = \frac{15\,\text{kg}}{73\,\%} = 15\,\text{kg} \cdot \frac{100}{73} \approx 20,5\,\text{kg} \qquad\qquad G = \frac{W}{p}$$

c G = 555 cm³, p = 85 %

$$W = 85\,\% \cdot 555\,\text{cm}^3 = 0,85 \cdot 555\,\text{cm}^3 \approx 471,8\,\text{cm}^3 \qquad W = p \cdot G$$

d G = 2,5 m³, W = 8 500 ℓ = 8 500 dm³ = 8,5 m³

$$p = \frac{8,5\,\text{m}^3}{2,5\,\text{m}^3} = 3,4 = 340\,\% \qquad\qquad p = \frac{W}{G}$$

e W = 125 m², p = 185 %

$$G = \frac{125\,\text{m}^2}{185\,\%} = 125\,\text{m}^2 \cdot \frac{100}{185} \approx 67,6\,\text{m}^2 \qquad\qquad G = \frac{W}{p}$$

f G = 1 580 €, p = 2,8 ‰

$$W = 2,8\,‰ \cdot 1\,580\,\text{€} = \frac{2,8}{1\,000} \cdot 1\,580\,\text{€} \approx 4,42\,\text{€} \qquad W = p \cdot G$$

3 $p = 100\,\% + 35\,\% = 135\,\%$

Kinder:
$G = 45\,€$
$W = 135\,\% \cdot 45\,€ = 1,35 \cdot 45\,€ = 60,75\,€$

Erwachsene:
$G = 70\,€$
$W = 135\,\% \cdot 70\,€ = 1,35 \cdot 70\,€ = 94,50\,€$

Familien:
$G = 110\,€$
$W = 135\,\% \cdot 110\,€ = 1,35 \cdot 110\,€ = 148,50\,€$

Beiträge nach der Erhöhung:

Kinder	60,75 €
Erwachsene	94,50 €
Familien	148,50 €

4 **a** $G = 850\,hl$, $p = 85\,\%$
$W = 85\,\% \cdot 850\,hl = 0,85 \cdot 850\,hl = 722,5\,hl = 72\,250\,l$ $\qquad W = p \cdot G$
Im letzten Jahr wurden 72 250 l Limonade verkauft. (2 BE)

b $G_1 = 850\,hl$, $p_1 = 90\,\%$
$W = 90\,\% \cdot 850\,hl = 0,90 \cdot 850\,hl = 765\,hl$ $\qquad W = p \cdot G$
In diesem Jahr werden 765 hl produziert.

$G_2 = 765\,hl$, $W_2 = 850\,hl$
$p = \dfrac{850\,hl}{765\,hl} \approx 1,11 = 111\,\%$ $\qquad p = \dfrac{W}{G}$

$111\,\% - 100\,\% = 11\,\%$
Im nächsten Jahr muss man die Produktion um 11 % steigern. (5 BE)

5 Für den Preis mit 33 % Rabatt gilt:
$p_1 = 100\,\% - 33\,\% = 67\,\%$
$W_1 = 687\,€$

Der ursprüngliche Preis vom Fahrrad beträgt:
$G = \dfrac{687\,€}{67\,\%} = 687\,€ \cdot \dfrac{100}{67} \approx 1\,025\,€$ $\qquad G = \dfrac{W}{p}$

Hast du's gewusst?

Für den Preis mit 40 % Rabatt gilt:

$p_2 = 100\,\% - 40\,\% = 60\,\%$

$G_2 = 1\,025\ €$

$W = 60\,\% \cdot 1\,025\ € = 0,60 \cdot 1\,025\ € = 615\ €$ $\qquad\qquad W = p \cdot G$

Mit 40 % Rabatt kostet das Fahrrad 615 €.

Test 4

1 **a** 38 % von 44 % = 38 % · 44 % = 0,38 · 0,44 ≈ 0,167 = 16,7 % $\qquad$ (1 BE)

b 1 525 kg von 750 kg:

$\dfrac{1\,525\ \text{kg}}{750\ \text{kg}} \approx 2,033 = 203,3\,\%$ $\qquad\qquad$ (1 BE)

c 120 % von 120 ‰ = 120 % · 120 ‰ = 1,2 · 0,12 = 0,144 = 14,4 % $\qquad$ (2 BE)

d 18 min von 3 h = 180 min:

$\dfrac{18\ \text{min}}{180\ \text{min}} = 0,1 = 10\,\%$ $\qquad\qquad$ (2 BE)

2 $G = 6\,570\ €$

a Für den Preis mit 20 % Rabatt gilt:

$p_1 = 100\,\% - 20\,\% = 80\,\%$

$W_1 = 80\,\% \cdot 6\,570\ € = \dfrac{80}{100} \cdot 6\,570\ € = 5\,256\ €$ $\qquad\qquad W = p \cdot G$

5 256 € wird nun zum neuen Grundwert.

Für den Preis mit den zusätzlichen 2 % Rabatt gilt:

$G_2 = 5\,256\ €$

$p_2 = 100\,\% - 2\,\% = 98\,\%$

$W_2 = 98\,\% \cdot 5\,256\ € = \dfrac{98}{100} \cdot 5\,256\ € = 5\,150,88\ €$ $\qquad\qquad W = p \cdot G$

Familie Müller muss nach den Nachlässen noch 5 150,88 € zahlen. $\qquad$ (5 BE)

b $G = 6\,570\ €$

$p = 100\,\% - 22\,\% = 78\,\%$

$W = 78\,\% \cdot 6\,570\ € = \dfrac{78}{100} \cdot 6\,570\ € = 5\,124,60\ €$ $\qquad\qquad W = p \cdot G$

Die Differenz zur Aufgabe a liegt an den unterschiedlichen Grundwerten. Bei Aufgabe a wurde der Rabatt von 2 % auf einen kleineren Grundwert gegeben.

(4 BE)

Hast du's gewusst?

3 Abnahme um 30 % $\Rightarrow$ 100 % − 30 % = 70 %

a' = 0,7 · a   a: alte Kantenlänge; a': neue Kantenlänge

$V' = a'^3$

$\quad = 0,7 \cdot a \cdot 0,7 \cdot a \cdot 0,7 \cdot a$

$\quad = 0,7^3 \cdot a^3$

$\quad = 0,343 \cdot V$ $V = a^3$: altes Volumen

$\quad = 34,3 \% \cdot V$

100 % − 34,3 % = 65,7 %

Das Volumen des Würfels verringert sich um 65,7 %.

4 Es wird zuerst die zweite Erhöhung rückgängig gemacht:

p = 100 % − 7 % = 93 %

W = 1 500 000

$G = \frac{1\,500\,000}{93\,\%} = 1\,500\,000 \cdot \frac{100}{93} \approx 1\,612\,900$ $G = \frac{W}{p}$

Am Vortag sahen 1 612 900 Zuschauer die Sendung.

Das ist für die Rechnung des ersten Rückgangs der Prozentwert:

p = 100 % − 7 % = 93 %

W = 1 612 900

$G = \frac{1\,612\,900}{93\,\%} = 1\,612\,900 \cdot \frac{100}{93} \approx 1\,734\,300$ $G = \frac{W}{p}$

Vor zwei Tagen sahen noch 1 734 300 Menschen die Sendung.

5 p = 3,5 %, G = 1 ℓ

Menge des Fetts in 1 ℓ Milch:

W = 3,5 % · 1 ℓ = 0,035 ℓ

Der Fettinhalt soll gleich bleiben, jedoch soll sich der Prozentsatz ändern:

W' = 0,035 ℓ, p' = 1,5 %

$G' = \frac{0,035\,\ell}{1,5\,\%} = 0,035\,\ell \cdot \frac{100}{1,5} = 2,33\,\ell$ $G = \frac{W}{p}$

2,33 ℓ − 1 ℓ = 1,33 ℓ

Es müssen 1,33 ℓ zugegeben werden.

61 $\cdot 2 \left(\begin{array}{l} 10\ \%\ \text{von}\ 50\ € = 5\ € \\ 20\ \%\ \text{von}\ 50\ € = 10\ € \end{array} \right) \cdot 2$

Peter kann 10 € sofort ausgeben.

62 $\begin{array}{l} 19\ \%\ \text{von} \\ 19\ \%\ \text{von} \end{array} \cdot 2 \left(\begin{array}{l} 100\ € = 19\ € \\ 200\ € = 38\ € \end{array} \right) \cdot 2$

Die Mehrwertsteuer beträgt insgesamt 38 €.

63 $:2 \left(\begin{array}{l} 30\ \%\ \text{von}\ 2\,000 \\ 15\ \%\ \text{von}\ 4\,000 \end{array} \right) \cdot 2 \ \begin{array}{l} = 600 \\ = 600 \end{array}$

Bei der doppelten Zuschauerzahl sind nur 15 % der Besucher weiblich.

64   **a** $:2 \left(\begin{array}{l} 15\ \%\ \text{von}\ 130 \\ 7{,}5\ \%\ \text{von}\ 260 \end{array} \right) \cdot 2 \ \begin{array}{l} = 19{,}5 \\ = 19{,}5 \end{array}$

Der fehlende Prozentsatz beträgt 7,5 %.

b $:5 \left(\begin{array}{l} 45\ \%\ \text{von}\ 200 = 90 \\ 9\ \%\ \text{von}\ 200 = 18 \end{array} \right) :5$

Der fehlende Prozentwert beträgt 18.

c $\begin{array}{l} 125\ \%\ \text{von} \\ 125\ \%\ \text{von} \end{array} \cdot 3 \left(\begin{array}{l} 25 = 31{,}25 \\ 75 = 93{,}75 \end{array} \right) \cdot 3$

Der fehlende Prozentwert beträgt 93,75.

d $\begin{array}{l} 30\ \%\ \text{von} \\ 30\ \%\ \text{von} \end{array} :6 \left(\begin{array}{l} 900 = 270 \\ 150 = 45 \end{array} \right) :6$

Der fehlende Grundwert beträgt 150.

e $:4 \left(\begin{array}{l} 28\ \%\ \text{von}\ 700 \\ 7\ \%\ \text{von}\ 2\,800 \end{array} \right) \cdot 4 \ \begin{array}{l} = 196 \\ = 196 \end{array}$

Der fehlende Grundwert beträgt 2 800.

65   **a** 25 % von 6 500 € = 25 % · 6 500 € = 0,25 · 6 500 € = 1 625 €
Der Rabatt auf die Küche der Familie Fuchs beträgt 1 625 €.

b $\begin{array}{l} 25\ \%\ \text{von} \\ 25\ \%\ \text{von} \end{array} :10 \left(\begin{array}{l} 6\,500\ € = 1\,625\ € \\ 650\ € = 162{,}5\ € \end{array} \right) :10$

Der Rabatt beträgt 162,5 €.

25 % von

25 % von $\quad :2 \Big(\begin{array}{l} 6\,500\,€ = 1\,625\,€ \\ 3\,250\,€ = 812,5\,€ \end{array} \Big) :2$

Der Rabatt beträgt 812,5 €.

25 % von

25 % von $\quad :5 \Big(\begin{array}{l} 6\,500\,€ = 1\,625\,€ \\ 1\,300\,€ = 325\,€ \end{array} \Big) :5$

Der Rabatt beträgt 325 €.

25 % von

25 % von $\quad \cdot 2 \Big(\begin{array}{l} 6\,500\,€ = 1\,625\,€ \\ 13\,000\,€ = 3\,250\,€ \end{array} \Big) \cdot 2$

Der Rabatt beträgt 3 250 €.

66 **a** $:250 \Big(\begin{array}{l} 250 \triangleq 100\,\% \\ 1 \triangleq 0,4\,\% \\ 36 \triangleq 0,4 \cdot 36\,\% = \mathbf{14,4\,\%} \end{array} \Big) \begin{array}{l} :250 \\ \\ \cdot 36 \end{array}$

$\cdot 36$

b $:99 \Big(\begin{array}{l} 99 \triangleq 100\,\% \\ 1 \triangleq \frac{100}{99}\,\% \\ 45 \triangleq \frac{100}{99} \cdot 45\,\% \approx \mathbf{45,5\,\%} \end{array} \Big) \begin{array}{l} :99 \\ \\ \cdot 45 \end{array}$

$\cdot 45$

Wenn du im zweiten Satz schon runden müsstest, bietet es sich an, den Wert als Bruch anzugeben und nur im letzten Schritt zu runden.

c $:50 \Big(\begin{array}{l} 50 \triangleq 100\,\% \\ 1 \triangleq 2\,\% \\ 69 \triangleq 2 \cdot 69\,\% = \mathbf{138\,\%} \end{array} \Big) \begin{array}{l} :50 \\ \\ \cdot 69 \end{array}$

$\cdot 69$

d $:142 \Big(\begin{array}{l} 142 \triangleq 100\,\% \\ 1 \triangleq \frac{100}{142}\,\% \\ 431 \triangleq \frac{100}{142} \cdot 431\,\% \approx \mathbf{303,5\,\%} \end{array} \Big) \begin{array}{l} :142 \\ \\ \cdot 431 \end{array}$

$\cdot 431$

67 **a** $:45 \Big(\begin{array}{l} 45\,\% \text{ von } 900 = 405 \\ 1\,\% \text{ von } 900 = 9 \\ 18\,\% \text{ von } 900 = \mathbf{162} \end{array} \Big) \begin{array}{l} :45 \\ \\ \cdot 18 \end{array}$

$\cdot 18$

b $:45 \Big(\begin{array}{l} 45\,\% \text{ von } 900 = 405 \\ 1\,\% \text{ von } 900 = 9 \\ 26\,\% \text{ von } 900 = \mathbf{234} \end{array} \Big) \begin{array}{l} :45 \\ \\ \cdot 26 \end{array}$

$\cdot 26$

c $:45 \Big(\begin{array}{l} 45\,\% \text{ von } 900 = 405 \\ 1\,\% \text{ von } 900 = 9 \\ 2\,\% \text{ von } 900 = \mathbf{18} \end{array} \Big) \begin{array}{l} :45 \\ \\ \cdot 2 \end{array}$

$\cdot 2$

d
$:45$ $\left(\begin{array}{l} 45\,\% \text{ von } 900 = 405 \\ 1\,\% \text{ von } 900 = 9 \\ 120\,\% \text{ von } 900 = \mathbf{1\,080} \end{array}\right)$ $:45$
$\cdot 120$ $\cdot 120$

e
$:45$ $\left(\begin{array}{l} 45\,\% \text{ von } 900 = 405 \\ 1\,\% \text{ von } 900 = 9 \\ 1\,000\,\% \text{ von } 900 = \mathbf{9\,000} \end{array}\right)$ $:45$
$\cdot 1\,000$ $\cdot 1\,000$

f
$:45$ $\left(\begin{array}{l} 45\,\% \text{ von } 900 = 405 \\ 1\,\% \text{ von } 900 = 9 \\ 1\,‰ \text{ von } 900 = \mathbf{0,9} \end{array}\right)$ $:45$
$:10$ $:10$ $\qquad 1\,\% = 10\,‰$

68

a
$:8$ $\left(\begin{array}{l} 80\,\% \;\hat{=}\; 72 \\ 10\,\% \;\hat{=}\; \mathbf{9} \\ \mathbf{60\,\%} \;\hat{=}\; 54 \end{array}\right)$ $:8$ $\qquad 80\,\% : 10\,\% = 8$
$\cdot 6$ $\cdot 6$ $\qquad 54 : 9 = 6$

b
$:7$ $\left(\begin{array}{l} 35\,\% \;\hat{=}\; 119 \\ \mathbf{5\,\%} \;\hat{=}\; 17 \\ \mathbf{55\,\%} \;\hat{=}\; 187 \end{array}\right)$ $:7$ $\qquad 119 : 17 = 7$
$\cdot 11$ $\cdot 11$ $\qquad 187 : 17 = 11$

c
$:13$ $\left(\begin{array}{l} \mathbf{130\,\%} \;\hat{=}\; 195 \\ 10\,\% \;\hat{=}\; 15 \\ 100\,\% \;\hat{=}\; \mathbf{150} \end{array}\right)$ $:13$ $\qquad 195 : 15 = 13$
$\cdot 10$ $\cdot 10$ $\qquad$ Da der Wert in der ersten Zeile gesucht ist, muss 10 % mit 13 multipliziert werden.

d
$:7$ $\left(\begin{array}{l} 91\,\% \;\hat{=}\; \mathbf{77} \\ 13\,\% \;\hat{=}\; 11 \\ \mathbf{169\,\%} \;\hat{=}\; 143 \end{array}\right)$ $:7$ $\qquad 91 : 13 = 7$
$\cdot 13$ $\cdot 13$ $\qquad$ Da der Wert in der ersten Zeile gesucht ist, muss 11 mit 7 multipliziert werden.

e
$:8$ $\left(\begin{array}{l} \mathbf{56\,\%} \;\hat{=}\; 100 \\ 7\,\% \;\hat{=}\; 12,5 \\ \mathbf{63\,\%} \;\hat{=}\; 112,5 \end{array}\right)$ $:8$ $\qquad 100 : 12,5 = 8$
$\cdot 9$ $\cdot 9$ $\qquad$ Da der Wert in der ersten Zeile gesucht ist, muss 7 % mit 8 multipliziert werden.

f Hierfür gibt es **keine eindeutige Lösung**, da nicht genug Größen gegeben sind.

69
$:8$ $\left(\begin{array}{l} 80\,\% \;\hat{=}\; 280 \\ 10\,\% \;\hat{=}\; 35 \\ 100\,\% \;\hat{=}\; 350 \end{array}\right)$ $:8$
$\cdot 10$ $\cdot 10$

350 Personen wurden insgesamt befragt.

Hast du's gewusst?

70

$$:100 \left(\begin{array}{c} 28\,000 \triangleq 100\,\% \\ 280 \triangleq 1\,\% \end{array} \right) :100$$

$$\cdot 7 \left(\quad 1960 \triangleq 7\,\% \quad \right) \cdot 7$$

Zum Auswärtsspiel begleiten 1 960 Fans die Mannschaft.

71 **a**

$$:12 \left(\begin{array}{c} 24\,\text{€} \triangleq 100\,\% \\ 2\,\text{€} \triangleq \frac{100}{12}\,\% \end{array} \right) :12$$

$$\cdot 13 \left(\begin{array}{c} \\ 26\,\text{€} \triangleq \frac{100}{12} \cdot 13\,\% \approx 108,3\,\% \end{array} \right) \cdot 13$$

Für die Erhöhung gilt demnach:
108,3 % − 100 % = 8,3 %
Der Spielpreis wird um 8,3 % erhöht.

b

$$:20 \left(\begin{array}{c} 100\,\% \triangleq 18\,\text{€} \\ 5\,\% \triangleq 0,9\,\text{€} \end{array} \right) :20$$

18 € + 0,9 € = 18,9 €
Das Spiel „Trio" kostet nach der Erhöhung 18,90 €.

72 Der angegebene Preis enthält bereits die Mehrwertsteuer von 16 %. Der ursprüngliche Preis ist also der Prozentwert mit dem zugehörigen Prozentsatz von
100 % + 16 % = 116 %.

a

$$:116 \left(\begin{array}{c} 116\,\% \triangleq 80\,\text{€} \\ 1\,\% \triangleq \frac{80}{116}\,\text{€} \end{array} \right) :116$$

$$\cdot 119 \left(\begin{array}{c} \\ 119\,\% \triangleq \frac{80}{116} \cdot 119\,\text{€} \approx 82,07\,\text{€} \end{array} \right) \cdot 119$$

Der Rucksack kostet nun 82,07 €.

b

$$:116 \left(\begin{array}{c} 116\,\% \triangleq 17\,\text{€} \\ 1\,\% \triangleq \frac{17}{116}\,\text{€} \end{array} \right) :116$$

$$\cdot 119 \left(\begin{array}{c} \\ 119\,\% \triangleq \frac{17}{116} \cdot 119\,\text{€} \approx 17,44\,\text{€} \end{array} \right) \cdot 119$$

Die DVD kostet nun 17,44 €.

Hast du's gewusst?

c

$$:116 \left(\begin{array}{l} 116\,\% \triangleq 250\,€ \\[2mm] 1\,\% \triangleq \dfrac{250}{116}\,€ \\[3mm] 119\,\% \triangleq \dfrac{250}{116}\cdot 119\,€ \approx 256,47\,€ \end{array} \right. \begin{array}{l} :116 \\[14mm] \cdot 119 \end{array}$$

$\cdot 119$

Das Snowboard kostet nun 256,47 €.

d

$$:116 \left(\begin{array}{l} 116\,\% \triangleq 36\,000\,€ \\[2mm] 1\,\% \triangleq \dfrac{36\,000}{116}\,€ \\[3mm] 119\,\% \triangleq \dfrac{36\,000}{116}\cdot 119\,€ \approx 36\,931,03\,€ \end{array} \right. \begin{array}{l} :116 \\[14mm] \cdot 119 \end{array}$$

$\cdot 119$

Das Auto kostet nun 36 931,03 €.

73 Der ausgeschriebene Preis enthält bereits die Mehrwertsteuer von 19 %. Der **ursprüngliche Preis** ist also der Prozentwert mit dem zugehörigen Prozentsatz von **100 % + 19 %** = 119 %. Wenn man die Mehrwertsteuer nicht zahlen muss, muss man den Grundwert berechnen, der dem Prozentsatz von **100 %** entspricht.

$$:119 \left(\begin{array}{l} 119\,\% \triangleq 600\,€ \\[2mm] 1\,\% \triangleq \dfrac{600}{119}\,€ \\[3mm] 100\,\% \triangleq \dfrac{600}{119}\cdot 100\,€ \approx 504,20\,€ \end{array} \right. \begin{array}{l} :119 \\[14mm] \cdot 100 \end{array}$$

$\cdot 100$

Jonathan ist bei seinen Berechnungen von der **falschen Annahme** ausgegangen, dass der Preis (mit Mehrwertsteuer) der Grundwert ist, dem der Prozentsatz von 100 % entspricht. Er hat daher den Prozentwert zum zugehörigen Prozentsatz von 100 % − 19 % = 81 % berechnet und damit folgende Rechnung durchgeführt:

$$:100 \left(\begin{array}{l} 100\,\% \triangleq 600\,€ \\[1mm] 1\,\% \triangleq 6\,€ \\[1mm] 81\,\% \triangleq 486\,€ \end{array} \right. \begin{array}{l} :100 \\[6mm] \cdot 81 \end{array}$$

$\cdot 81$

Diese Rechnung wäre dann richtig gewesen, wenn das Geschäft 19 % Rabatt auf den Fernseher gewährt hätte.

74 Es sind G = 11 km und p = 20 %.

$$:10 \left(\begin{array}{l} 11\,\text{km} \triangleq 100\,\% \\[1mm] 1,1\,\text{km} \triangleq 10\,\% \\[1mm] 2,2\,\text{km} \triangleq 20\,\% \end{array} \right. \begin{array}{l} :10 \qquad \text{1. Prozentsatz 1 \%} \\[6mm] \cdot 2 \qquad \text{2. Multiplikation} \end{array}$$

Maximilians Laufstrecke wird um 2,2 km länger.

75

a $5\% = \frac{5}{100} = \frac{1}{20}$ $\Rightarrow$ Division durch 20

b $10\% = \frac{10}{100} = \frac{1}{10}$ $\Rightarrow$ Division durch 10

c $15\% = \frac{15}{100} = \frac{3}{20}$ $\Rightarrow$ Multiplikation mit 3, Division durch 20

d $20\% = \frac{20}{100} = \frac{1}{5}$ $\Rightarrow$ Division durch 5

e $25\% = \frac{25}{100} = \frac{1}{4}$ $\Rightarrow$ Division durch 4

f $35\% = \frac{35}{100} = \frac{7}{20}$ $\Rightarrow$ Multiplikation mit 7, Division durch 20

g $40\% = \frac{40}{100} = \frac{2}{5}$ $\Rightarrow$ Multiplikation mit 2, Division durch 5

h $45\% = \frac{45}{100} = \frac{9}{20}$ $\Rightarrow$ Multiplikation mit 9, Division durch 20

i $50\% = \frac{50}{100} = \frac{1}{2}$ $\Rightarrow$ Division durch 2

j $60\% = \frac{60}{100} = \frac{3}{5}$ $\Rightarrow$ Multiplikation mit 3, Division durch 5

k $75\% = \frac{75}{100} = \frac{3}{4}$ $\Rightarrow$ Multiplikation mit 3, Division durch 4

l $80\% = \frac{80}{100} = \frac{4}{5}$ $\Rightarrow$ Multiplikation mit 4, Division durch 5

m $90\% = \frac{90}{100} = \frac{9}{10}$ $\Rightarrow$ Multiplikation mit 9, Division durch 10

n $100\% = \frac{100}{100} = 1$ $\Rightarrow$ G = W

o $150\% = \frac{150}{100} = \frac{3}{2}$ $\Rightarrow$ Multiplikation mit 3, Division durch 2

p $200\% = \frac{200}{100} = \frac{2}{1}$ $\Rightarrow$ Multiplikation mit 2

q $250\% = \frac{250}{100} = \frac{5}{2}$ $\Rightarrow$ Multiplikation mit 5, Division durch 2

r $1\,000\% = \frac{1\,000}{100} = \frac{10}{1}$ $\Rightarrow$ Multiplikation mit 10

Hast du's gewusst?

76 Es sind W = 9 € und p = 30 %.

$:3 \quad \Big(\begin{array}{l} 9 € \triangleq 30 \% \\ 3 € \triangleq 10 \% \end{array}$ $\Big) :3 \qquad$ 1. Prozentsatz 10 %

$\cdot 10 \quad \Big(\begin{array}{l} 3 € \triangleq 10 \% \\ 30 € \triangleq 100 \% \end{array}$ $\Big) \cdot 10 \qquad$ 2. Multiplikation

Melanie verdient normalerweise 30 € pro Route.

77

a 5 % $\Rightarrow$ $\frac{100}{5} = \frac{20}{1}$ $\Rightarrow$ Multiplikation mit 20

b 10 % $\Rightarrow$ $\frac{100}{10} = \frac{10}{1}$ $\Rightarrow$ Multiplikation mit 10

c 15 % $\Rightarrow$ $\frac{100}{15} = \frac{20}{3}$ $\Rightarrow$ Multiplikation mit 20, Division durch 3

d 20 % $\Rightarrow$ $\frac{100}{20} = \frac{5}{1}$ $\Rightarrow$ Multiplikation mit 5

e 25 % $\Rightarrow$ $\frac{100}{25} = \frac{4}{1}$ $\Rightarrow$ Multiplikation mit 4

f 35 % $\Rightarrow$ $\frac{100}{35} = \frac{20}{7}$ $\Rightarrow$ Multiplikation mit 20, Division durch 7

g 40 % $\Rightarrow$ $\frac{100}{40} = \frac{5}{2}$ $\Rightarrow$ Multiplikation mit 5, Division durch 2

h 45 % $\Rightarrow$ $\frac{100}{45} = \frac{20}{9}$ $\Rightarrow$ Multiplikation mit 20, Division durch 9

i 50 % $\Rightarrow$ $\frac{100}{50} = \frac{2}{1}$ $\Rightarrow$ Multiplikation mit 2

j 60 % $\Rightarrow$ $\frac{100}{60} = \frac{5}{3}$ $\Rightarrow$ Multiplikation mit 5, Division durch 3

k 75 % $\Rightarrow$ $\frac{100}{75} = \frac{4}{3}$ $\Rightarrow$ Multiplikation mit 4, Division durch 3

l 80 % $\Rightarrow$ $\frac{100}{80} = \frac{5}{4}$ $\Rightarrow$ Multiplikation mit 5, Division durch 4

m 90 % $\Rightarrow$ $\frac{100}{90} = \frac{10}{9}$ $\Rightarrow$ Multiplikation mit 10, Division durch 9

n 100 % $\Rightarrow$ $\frac{100}{100} = 1$ $\Rightarrow$ G = W

o 150 % $\Rightarrow$ $\frac{100}{150} = \frac{2}{3}$ $\Rightarrow$ Multiplikation mit 2, Division durch 3

Hast du's gewusst?

p $200\,\% \;\Rightarrow\; \dfrac{100}{200} = \dfrac{1}{2}$ $\quad\Rightarrow\;$ Division durch 2

q $250\,\% \;\Rightarrow\; \dfrac{100}{250} = \dfrac{2}{5}$ $\quad\Rightarrow\;$ Multiplikation mit 2, Division durch 5

r $1\,000\,\% \;\Rightarrow\; \dfrac{100}{1\,000} = \dfrac{1}{10}$ $\quad\Rightarrow\;$ Division durch 10

78 Da geschätzt werden soll, können die Werte gerundet werden:
$31\,\% \approx 30\,\%$
48 Schafe ≈ 50 Schafe

$:3 \left(\begin{array}{l} 50 \mathrel{\hat=} 30\,\% \\ 16{,}\overline{6} \mathrel{\hat=} 10\,\% \end{array} \right) :3$

$\cdot 10 \left(\begin{array}{l} 17 \mathrel{\hat=} 10\,\% \\ 170 \mathrel{\hat=} 100\,\% \end{array} \right) \cdot 10 \quad$ Vereinfachung

In der Schafherde sind etwa 170 Tiere.

79 Es gilt:

$:10 \left(\begin{array}{l} 200\ \text{kg} \mathrel{\hat=} 100\,\% \\ 20\ \text{kg} \mathrel{\hat=} 10\,\% \end{array} \right) :10 \qquad$ 1. Prozentsatz $10\,\%$

$\cdot 6 \left(\begin{array}{l} 20\ \text{kg} \mathrel{\hat=} 10\,\% \\ 120\ \text{kg} \mathrel{\hat=} 60\,\% \end{array} \right) \cdot 6 \qquad$ 2. Multiplikation

120 kg von 200 kg sind $60\,\%$.

80 Preisunterschied für die Kinokarten:
$10{,}50\ \text{€} - 6{,}50\ \text{€} = 4\ \text{€}$

$:13 \left(\begin{array}{l} 6{,}50\ \text{€} \mathrel{\hat=} 100\,\% \\ 0{,}50\ \text{€} \mathrel{\hat=} 7{,}69\ldots\,\% \end{array} \right) :13$

$\cdot 8 \left(\begin{array}{l} 0{,}50\ \text{€} \mathrel{\hat=} 8\,\% \\ 4{,}00\ \text{€} \mathrel{\hat=} 64\,\% \end{array} \right) \cdot 8 \quad$ Vereinfachung

Die Karten sind am Wochenende etwa $64\,\%$ teurer als am Kinotag.

81 **a** $G = 180$, $W = 30$

$\begin{array}{l} 180 \mathrel{\hat=} 100\,\% \end{array}$

$:6 \left(\begin{array}{l} 180 \mathrel{\hat=} 96\,\% \\ 30 \mathrel{\hat=} 16\,\% \end{array} \right) :6 \quad$ Vereinfachung

$p \approx 16\,\%$

Hast du's gewusst?

b G=300, p=15 %

$$:100 \left(\begin{array}{l} 300 \triangleq 100\,\% \\ 3 \triangleq 1\,\% \\ 45 \triangleq 15\,\% \end{array} \right) :100$$

$\cdot 15$ ... $\cdot 15$

W=45

c W=420, p=70 %

$$:7 \left(\begin{array}{l} 420 \triangleq 70\,\% \\ 60 \triangleq 10\,\% \\ 600 \triangleq 100\,\% \end{array} \right) :7$$

$\cdot 10$ ... $\cdot 10$

G=600

d G=635 € ≈ 630 €, W=70 €   Abschätzung zum leichteren Weiterrechnen

$$630\,€ \triangleq 100\,\%$$

$$:9 \left(\begin{array}{l} 630\,€ \triangleq 99\,\% \\ 70\,€ \triangleq 11\,\% \end{array} \right) :9 \qquad \text{Vereinfachung}$$

p ≈ 11 %

e G=1 025 kg, p=120 %

$$:5 \left(\begin{array}{l} 1\,025\,\text{kg} \triangleq 100\,\% \\ 205\,\text{kg} \triangleq 20\,\% \end{array} \right) :5$$

100 %   + 20 %   = 120 %
1 025 kg + 205 kg = 1 230 kg
W = 1 230 kg

f G=750 ℓ, p=39 % ≈ 40 %   Abschätzung zum leichteren Weiterrechnen

$$:5 \left(\begin{array}{l} 750\,ℓ \triangleq 100\,\% \\ 150\,ℓ \triangleq 20\,\% \\ 300\,ℓ \triangleq 40\,\% \end{array} \right) :5$$

$\cdot 2$ ... $\cdot 2$

W ≈ 300 ℓ

82 15 % Rabatt bedeutet den Prozentsatz 100 % – 15 % = 85 %.

a G=850 €

$$:10 \left(\begin{array}{l} 850\,€ \triangleq 100\,\% \\ 85\,€ \triangleq 10\,\% \\ 42{,}50\,€ \triangleq 5\,\% \end{array} \right) :10$$

$:2$ ... $:2$

45 € ≜ 5 %   Vereinfachung

Hast du's gewusst?

$100\,\% - 10\,\% - 5\,\% = 85\,\%$

$850\,€ - 85\,€ - 45\,€ = 720\,€$

Der Motorroller YOUNG kostet nach dem Rabatt etwa 720 €.

b $W = 1\,050\,€$

85 % entsprechen 1 050 €.

$$
\begin{array}{l}
:5 \;\left(\; 1\,050\,€ \triangleq 85\,\% \;\right):5 \\[4pt]
 210\,€ \triangleq 17\,\% \\[4pt]
\cdot 6 \;\left(\; 1\,260\,€ \triangleq 102\,\% \;\right)\cdot 6
\end{array}
$$

Der Auszeichnungspreis des Motorrollers NEW beträgt etwa 1 260 €.

83 Da abgeschätzt werden soll, kann näherungsweise mit 20 % Mehrwertsteuer gerechnet werden.

Netbook:

$$260\,€ \triangleq 100\,\%$$

$$
:5 \;\left(\;
\begin{array}{l}
250\,€ \triangleq 100\,\% \\[4pt]
50\,€ \triangleq 20\,\%
\end{array}
\;\right):5 \qquad \text{Vereinfachung}
$$

$100\,\% + 20\,\% = 120\,\%$

$260\,€ + 50\,€ = 310\,€$ ✓

Laptop:

$$560\,€ \triangleq 100\,\%$$

$$
:5 \;\left(\;
\begin{array}{l}
550\,€ \triangleq 100\,\% \\[4pt]
110\,€ \triangleq 20\,\%
\end{array}
\;\right):5 \qquad \text{Vereinfachung}
$$

$100\,\% + 20\,\% = 120\,\%$

$560\,€ + 110\,€ = 670\,€$ ✓

Fernsehgerät:

$$980\,€ \triangleq 100\,\%$$

$$
\begin{array}{l}
:98 \;\left(\;
\begin{array}{l}
980\,€ \triangleq 98\,\% \\[4pt]
10\,€ \triangleq 1\,\%
\end{array}
\;\right):98 \qquad \text{Vereinfachung} \\[12pt]
\cdot 20 \;\left(\; 200\,€ \triangleq 20\,\% \;\right)\cdot 20
\end{array}
$$

$100\,\% + 20\,\% = 120\,\%$

$980\,€ + 200\,€ = 1180\,€$ **falsch**

Hast du's gewusst?

Smartphone:

$$:5 \left(\begin{array}{l} 250\,€ \triangleq 100\,\% \\ 50\,€ \triangleq 20\,\% \end{array} \right) :5$$

$100\,\% + 20\,\% = 120\,\%$

$250\,€ + 50\,€ = 300\,€$ ✔

MP3-Player:

$$:5 \left(\begin{array}{l} 60\,€ \triangleq 100\,\% \\ 12\,€ \triangleq 20\,\% \end{array} \right) :5$$

$100\,\% + 20\,\% = 120\,\%$

$60\,€ \; + 12\,€ = 72\,€$ **falsch**

Test 5

1

a $:7$ $\left(\begin{array}{l} 70\,\% \triangleq 490 \\ 10\,\% \triangleq 70 \\ 90\,\% \triangleq \mathbf{630} \end{array} \right) \begin{array}{l} :7 \\ \cdot 9 \end{array}$

b $:47$ $\left(\begin{array}{l} 141\,\% \triangleq 47 \\ 3\,\% \triangleq 1 \\ \mathbf{252\,\%} \triangleq 84 \end{array} \right) \begin{array}{l} :47 \\ \cdot 84 \end{array}$

2

a $:20$ $\left(\begin{array}{l} 100\,\% \triangleq 90\,€ \\ 5\,\% \triangleq 4{,}5\,€ \\ 15\,\% \triangleq 13{,}50\,€ \end{array} \right) \begin{array}{l} :20 \\ \cdot 3 \end{array}$

$90\,€ - 13{,}50\,€ = 76{,}50\,€$

Das Handy kostet bei der Aktion 76,50 €.

b $\begin{array}{l} 15\,\% \text{ von} \\ 15\,\% \text{ von} \end{array}$ $\cdot 3 \left(\begin{array}{l} 20\,€ = 3\,€ \\ 60\,€ = \mathbf{9\,€} \end{array} \right) \cdot 3$

$\begin{array}{l} 15\,\% \text{ von} \\ 15\,\% \text{ von} \end{array}$ $\cdot 250 \left(\begin{array}{l} 20\,€ = 3\,€ \\ 5\,000\,€ = \mathbf{750\,€} \end{array} \right) \cdot 250$

$\begin{array}{l} 15\,\% \text{ von} \\ 15\,\% \text{ von} \end{array}$ $:4 \left(\begin{array}{l} 20\,€ = 3\,€ \\ 5\,€ = \mathbf{0{,}75\,€} \end{array} \right) :4$

3

Steigerung um 40 % $\Rightarrow$ p = 100 % + 40 % = 140 %
Der zugehörige Prozentwert beträgt 3 500 000 €.

$:14$ $\left(\begin{array}{l} 140\,\% \triangleq 3\,500\,000\,€ \\ 10\,\% \triangleq 250\,000\,€ \\ 100\,\% \triangleq 2\,500\,000\,€ \end{array} \right) \begin{array}{l} :14 \\ \cdot 10 \end{array}$

Der Umsatz im vorletzten Jahr betrug 2 500 000 €.

4

$:7$ $\left(\begin{array}{l} 21 \text{ Freunde} \triangleq 150\,g \\ 3 \text{ Freunde} \triangleq 1\,050\,g \\ 24 \text{ Freunde} \triangleq 131{,}25\,g \end{array} \right) \begin{array}{l} \cdot 7 \\ :8 \end{array}$ (Fleisch pro Person)

Jede Portion beinhaltet etwa 130 g Fleisch.

Hast du's gewusst?

5 Benzinverbrauch: $8 \frac{\ell}{100\,\text{km}}$

a 30 % mehr Verbrauch: $p = 100\,\% + 30\,\% = 130\,\%$

$$:10 \left(\begin{array}{c} 8 \frac{\ell}{100\,\text{km}} \mathrel{\hat{=}} 100\,\% \\[6pt] 0,8 \frac{\ell}{100\,\text{km}} \mathrel{\hat{=}} 10\,\% \\[6pt] 10,4 \frac{\ell}{100\,\text{km}} \mathrel{\hat{=}} 130\,\% \end{array} \right) \begin{array}{c} :10 \\[30pt] \cdot 13 \end{array}$$

$\cdot 13$

Im Stadtverkehr verbraucht Bens Auto 10,4 ℓ pro 100 km. (4 BE)

b 20 % weniger Verbrauch: $p = 100\,\% - 20\,\% = 80\,\%$

$$:10 \left(\begin{array}{c} 8 \frac{\ell}{100\,\text{km}} \mathrel{\hat{=}} 100\,\% \\[6pt] 0,8 \frac{\ell}{100\,\text{km}} \mathrel{\hat{=}} 10\,\% \\[6pt] 6,4 \frac{\ell}{100\,\text{km}} \mathrel{\hat{=}} 80\,\% \end{array} \right) \begin{array}{c} :10 \\[30pt] \cdot 8 \end{array}$$

$\cdot 8$

$6,4 \frac{\ell}{100\,\text{km}}$ ist der Verbrauch seines Autos bei sparsamer Fahrweise. (4 BE)

c Prozentsatz für beide Fahrsituationen:
130 % von 80 % $= 1,3 \cdot 0,8 = 1,04 = 104\,\%$

$$:100 \left(\begin{array}{c} 8 \frac{\ell}{100\,\text{km}} \mathrel{\hat{=}} 100\,\% \\[6pt] 0,08 \frac{\ell}{100\,\text{km}} \mathrel{\hat{=}} 1\,\% \\[6pt] 8,32 \frac{\ell}{100\,\text{km}} \mathrel{\hat{=}} 104\,\% \end{array} \right) \begin{array}{c} :100 \\[30pt] \cdot 104 \end{array}$$

$\cdot 104$

Bei sparsamer Fahrweise in der Stadt verbraucht sein Auto etwa 8,3 ℓ pro 100 km. (5 BE)

Test 6

1 **a** $\cdot 2 \left(\begin{array}{c} 35\,\% \text{ von } 280 \\ \textbf{70 \%} \text{ von } 140 \end{array} \right) :2 \begin{array}{c} = 98 \\ = 98 \end{array}$

b $:22 \left(\begin{array}{c} 110\,\% \text{ von } 90 = 99 \\ 5\,\% \text{ von } 90 = \textbf{4,5} \end{array} \right) :22$

c $\begin{array}{c} 60\,\% \text{ von} \\ 60\,\% \text{ von} \end{array} :5 \left(\begin{array}{c} 450 = 270 \\ 90 = \textbf{54} \end{array} \right) :5$

2 20 % Preisnachlass: $p = 100\% - 20\% = 80\%$

a

$:10 \left(\begin{array}{l} 100\% \triangleq 90\text{ €} \\[4pt] 10\% \triangleq 9\text{ €} \\[4pt] 80\% \triangleq 72\text{ €} \end{array} \right) \begin{array}{l} :10 \\[10pt] \cdot 8 \end{array}$

$\cdot 8$

Das Doppelzimmer kostet mit Rabatt 72 €. (2 BE)

b

$\begin{array}{l} 80\% \text{ von} \\[4pt] 80\% \text{ von} \\[4pt] 80\% \text{ von} \end{array} \begin{array}{l} \\ :9 \\ \cdot 16 \end{array} \left(\begin{array}{l} 90\text{ €} = 72\text{ €} \\[4pt] 10\text{ €} = 8\text{ €} \\[4pt] 160\text{ €} = 128\text{ €} \end{array} \right) \begin{array}{l} :9 \\[10pt] \cdot 16 \end{array}$

Die Suite kostet für Ralf 128 €. (3 BE)

3 $p = 45\%; \; G = 1,8\,\ell$

$:9 \left(\begin{array}{l} 45\% \text{ von } 1,8\,\ell \\[4pt] 5\% \text{ von } 16,2\,\ell \end{array} \right) \cdot 9 \quad \begin{array}{l} = 0,81\,\ell \\[4pt] = 0,81\,\ell \end{array}$

$\cdot 6 \left(\begin{array}{l} 30\% \text{ von } 2,7\,\ell \end{array} \right) :6 \quad = 0,81\,\ell$

$2,7\,\ell - 1,8\,\ell = 0,9\,\ell$

Es müssen 0,9 ℓ Wasser zugegeben werden, damit aus 1,8 ℓ der 45 %igen Salzsäure 30 %ige Salzsäure wird.

4 **a** $G = 240; \; W = 60$

$:4 \left(\begin{array}{l} 240 \triangleq 100\% \\[4pt] 60 \triangleq \mathbf{25\%} \end{array} \right) :4$

(1 BE)

b $G = 270; \; p = 45\%$

$:20 \left(\begin{array}{l} 270 \triangleq 100\% \\[4pt] 13,5 \triangleq 5\% \end{array} \right) :20$

$\cdot 9 \left(\begin{array}{l} 15 \triangleq 5\% \\[4pt] \mathbf{135} \triangleq 45\% \end{array} \right) \cdot 9 \quad \text{Vereinfachung}$

(2 BE)

c $W = 390; \; p = 13\%$

$:13 \left(\begin{array}{l} 390 \triangleq 13\% \\[4pt] 30 \triangleq 1\% \end{array} \right) :13$

$\cdot 100 \left(\begin{array}{l} 30 \triangleq 1\% \\[4pt] \mathbf{3\,000} \triangleq 100\% \end{array} \right) \cdot 100$

(2 BE)

Hast du's gewusst?

5 12 % Rabatt bedeutet den Prozentsatz: $100\% - 12\% = 88\%$

a $:100 \left(\begin{array}{c} 1\,480\,€ \mathrel{\hat{=}} 100\,\% \\ 14{,}80\,€ \mathrel{\hat{=}} 1\,\% \\ 1\,302{,}40\,€ \mathrel{\hat{=}} 88\,\% \end{array} \right) \begin{array}{l} :100 \\ \cdot 88 \end{array}$

Nach dem Preisnachlass kostet das Moped 1 302,40 €.　　(3 BE)

b $:148 \left(\begin{array}{c} 1\,480\,€ \mathrel{\hat{=}} 100\,\% \\ 10\,€ \mathrel{\hat{=}} 0{,}676\,\% \\ 1\,150\,€ \mathrel{\hat{=}} 77{,}74\,\% \end{array} \right) \begin{array}{l} :148 \\ \cdot 115 \end{array}$

$100\% - 77{,}74\% = 22{,}26\%$

Julian braucht mindestens einen 22,26 %igen Rabatt.　　(4 BE)

6 **a** $G = 40,\ p = 40\%$

$:10 \left(\begin{array}{c} 40 \mathrel{\hat{=}} 100\,\% \\ 4 \mathrel{\hat{=}} 10\,\% \\ 16 \mathrel{\hat{=}} 40\,\% \end{array} \right) \begin{array}{l} :10 \\ \cdot 4 \end{array}$

In der ersten Mathematikklassenarbeit hast du 16 Punkte erreicht.

b $G = 50,\ p = 40\%$

$:10 \left(\begin{array}{c} 50 \mathrel{\hat{=}} 100\,\% \\ 5 \mathrel{\hat{=}} 10\,\% \\ 20 \mathrel{\hat{=}} 40\,\% \end{array} \right) \begin{array}{l} :10 \\ \cdot 4 \end{array}$

Du musst in der zweiten Klassenarbeit mindestens 20 Punkte erreichen.

c $G = 40,\ W = 25$

$:8 \left(\begin{array}{c} 40 \mathrel{\hat{=}} 100\,\% \\ 5 \mathrel{\hat{=}} 12{,}5\,\% \end{array} \right) :8$

$\cdot 5 \left(\begin{array}{c} 5 \mathrel{\hat{=}} 12\,\% \\ 25 \mathrel{\hat{=}} 60\,\% \end{array} \right) \cdot 5$ Vereinfachung

In der dritten Klassenarbeit hast du etwa 60 % der Gesamtpunktzahl erreicht.

84

a K = 8 000 €, p = 3,5 %

$Z = K \cdot p$

$Z = 8\,000\,€ \cdot 3,5\,\% = 8\,000\,€ \cdot \frac{3,5}{100} = 280\,€$

b Z = 810 €, p = 5,2 %

$Z = K \cdot p \quad \Leftrightarrow \quad K = \frac{Z}{p}$ Auflösen nach K

$K = \frac{810\,€}{5,2\,\%} = 810\,€ \cdot \frac{100}{5,2} \approx 15\,577\,€$

c Z = 1 290 €, K = 28 000 €

$Z = K \cdot p \quad \Leftrightarrow \quad p = \frac{Z}{K}$ Auflösen nach p

$p = \frac{1\,290\,€}{28\,000\,€} \approx 0,046 = 4,6\,\%$

d K = 125 000 €, p = 6,1 %

$Z = K \cdot p$

$Z = 125\,000\,€ \cdot 6,1\,\% = 125\,000\,€ \cdot \frac{6,1}{100} = 7\,625\,€$

e Z = 12 550 €, p = 7,5 %

$Z = K \cdot p \quad \Leftrightarrow \quad K = \frac{Z}{p}$ Auflösen nach K

$K = \frac{12\,550\,€}{7,5\,\%} = 12\,550\,€ \cdot \frac{100}{7,5} \approx 167\,333\,€$

f Z = 63 €, K = 550 €

$Z = K \cdot p \quad \Leftrightarrow \quad p = \frac{Z}{K}$ Auflösen nach p

$p = \frac{63\,€}{550\,€} \approx 0,115 = 11,5\,\%$

Vollständige Tabelle:

	Zinsen	Kapital	Zinssatz
a	**280 €**	8 000 €	3,5 %
b	810 €	**15 577 €**	5,2 %
c	1 290 €	28 000 €	**4,6 %**
d	**7 625 €**	125 000 €	6,1 %
e	12 550 €	**167 333 €**	7,5 %
f	63 €	550 €	**11,5 %**

Hast du's gewusst?

85 **Autohaus Wagner:**

$K = 9\,500\,€ - 5\,000\,€ = 4\,500\,€$

$Z = 428\,€$

$Z = K \cdot p \quad \Leftrightarrow \quad p = \dfrac{Z}{K}$ Auflösen nach p

$p = \dfrac{428\,€}{4\,500\,€} \approx 0{,}095 = 9{,}5\,\%$

Autohaus Pfeiffer:

$K = 11\,200\,€ - 5\,000\,€ = 6\,200\,€$

$Z = 552\,€$

$p = \dfrac{552\,€}{6\,200\,€} \approx 0{,}089 = 8{,}9\,\%$

Das Autohaus Pfeiffer bietet mit 8,9 % den besseren Zinssatz an.

86 Zunächst werden die **Zinsen für 1 Jahr** berechnet:

$Z = K \cdot p = 2\,400\,€ \cdot 2\,\% = 2\,400\,€ \cdot \dfrac{2}{100} = 48\,€$

Daraus können die gesuchten Zinsen berechnet werden:

1 Tag: $\quad Z = \dfrac{1}{360} \cdot 48\,€ \approx 0{,}13\,€$ Bilde den Anteil am Jahreszins.

3 Monate: $\quad Z = \dfrac{3}{12} \cdot 48\,€ = 12\,€$

20 Tage: $\quad Z = \dfrac{20}{360} \cdot 48\,€ \approx 2{,}67\,€$

170 Tage: $\quad Z = \dfrac{170}{360} \cdot 48\,€ \approx 22{,}67\,€$

1 Monat: $\quad Z = \dfrac{1}{12} \cdot 48\,€ = 4\,€$

300 Tage: $\quad Z = \dfrac{300}{360} \cdot 48\,€ = 40\,€$

87
Kosten pro Monat: $\qquad$ $1\,500\,€$

Kosten pro Jahr: $\qquad$ $1\,500\,€ \cdot \mathbf{12} = 18\,000\,€$

Zinsen und Tilgung: $\qquad$ $Z = 18\,000\,€$

Zinssatz und Tilgungssatz: $\qquad$ $p = \mathbf{4{,}6\,\% + 2\,\%} = 6{,}6\,\%$

$Z = K \cdot p \quad \Leftrightarrow \quad K = \dfrac{Z}{p}$ Auflösen nach K

$K = \dfrac{18\,000\,€}{6{,}6\,\%} = 18\,000\,€ \cdot \dfrac{100}{6{,}6} \approx 272\,727{,}27\,€$

Familie Meier kann ein Darlehen in Höhe von 272 727,27 € aufnehmen.

Hast du's gewusst?

88 **1. Jahr:**

$K_1 = 1\,200\ €$

$p = 5\,\%$

$Z_1 = K_1 \cdot p = 1\,200\ € \cdot 5\,\% = 1\,200\ € \cdot \dfrac{5}{100} = \mathbf{60\ €}$

2. Jahr:

$K_2 = 1\,200\ € - 400\ € = 800\ €$

$p = 5\,\%$

$Z_2 = K_2 \cdot p = 800\ € \cdot 5\,\% = 800\ € \cdot \dfrac{5}{100} = \mathbf{40\ €}$

Im zweiten Jahr verringert sich die Restschuld um 400 €, da Robert diesen Betrag bereits zurückgezahlt hat.

3. Jahr:

$K_3 = 800\ € - 400\ € = 400\ €$

$p = 5\,\%$

$Z_3 = K_3 \cdot p = 400\ € \cdot 5\,\% = 400\ € \cdot \dfrac{5}{100} = \mathbf{20\ €}$

Die Restschuld verringert sich um weitere 400 €.

4. Jahr:

$K_4 = 400\ € - 400\ € = 0\ €$

Nach dem dritten Jahr ist die Restschuld komplett abbezahlt.

Insgesamt muss Robert 60 € + 40 € + 20 € = 120 € Zinsen bezahlen.

89 **a** $K_0 = 2\,500\ €$

$n = 3$

$p = 4,5\,\%$

$K_n = K_0 \cdot (1 + n \cdot p)$

$K_3 = 2\,500\ € \cdot (1 + 3 \cdot 4,5\,\%) = 2\,500\ € \cdot \left(1 + 3 \cdot \dfrac{4,5}{100}\right) = 2\,837,50\ €$

b $K_n = 12\,000\ €$

$n = 7$

$p = 4,2\,\%$

$K_n = K_0 \cdot (1 + n \cdot p) \quad \Leftrightarrow \quad K_0 = \dfrac{K_n}{1 + n \cdot p}$ Auflösen nach K_0

$K_0 = \dfrac{12\,000\ €}{1 + 7 \cdot 4,2\,\%} = \dfrac{12\,000\ €}{1 + 7 \cdot \frac{4,2}{100}} \approx 9\,273,57\ €$

Hast du's gewusst?

c $K_n = 27\,000\ €$
$K_0 = 22\,000\ €$
$p = 6,5\ \%$

$$K_n = K_0 \cdot (1 + n \cdot p) \qquad |: K_0 \qquad\qquad\qquad \text{Auflösen nach n}$$

$$\frac{K_n}{K_0} = 1 + n \cdot p \qquad\qquad |-1$$

$$n \cdot p = \frac{K_n}{K_0} - 1 \qquad\qquad |: p$$

$$n = \left(\frac{K_n}{K_0} - 1 \right) \cdot \frac{1}{p}$$

$$n = \left(\frac{27\,000\ €}{22\,000\ €} - 1 \right) \cdot \frac{1}{6,5\ \%} = \left(\frac{27\,000\ €}{22\,000\ €} - 1 \right) \cdot \frac{100}{6,5} \approx 3,5$$

d $K_n = 17\,000\ €$
$K_0 = 15\,000\ €$
$n = 6$

$$K_n = K_0 \cdot (1 + n \cdot p) \qquad |: K_0 \qquad\qquad\qquad \text{Auflösen nach p}$$

$$\frac{K_n}{K_0} = 1 + n \cdot p \qquad\qquad |-1$$

$$n \cdot p = \frac{K_n}{K_0} - 1 \qquad\qquad |: n$$

$$p = \left(\frac{K_n}{K_0} - 1 \right) \cdot \frac{1}{n}$$

$$p = \left(\frac{17\,000\ €}{15\,000\ €} - 1 \right) \cdot \frac{1}{6} \approx 0,022 = 2,2\ \%$$

e $K_0 = 18\,000\ €$
$n = 8$
$p = 6,2\ \%$

$$K_n = K_0 \cdot (1 + n \cdot p)$$

$$K_8 = 18\,000\ € \cdot (1 + 8 \cdot 6,2\ \%) = 18\,000\ € \cdot \left(1 + 8 \cdot \frac{6,2}{100} \right) = 26\,928\ €$$

f $K_n = 570\ €$
$n = 2$
$p = 1,8\ \%$

$$K_n = K_0 \cdot (1 + n \cdot p) \quad \Leftrightarrow \quad K_0 = \frac{K_n}{1 + n \cdot p} \qquad\qquad \text{Auflösen nach } K_0$$

$$K_0 = \frac{570\ €}{1 + 2 \cdot 1,8\ \%} = \frac{570\ €}{1 + 2 \cdot \frac{1,8}{100}} \approx 550\ €$$

Hast du's gewusst?

g $K_n = 13\,000\,€$

$K_0 = 9\,999\,€$

$p = 3,8\,\%$

$$K_n = K_0 \cdot (1 + n \cdot p) \quad \Leftrightarrow \quad n = \left(\frac{K_n}{K_0} - 1\right) \cdot \frac{1}{p} \qquad \text{Auflösen nach n (siehe Teilaufgabe c)}$$

$$n = \left(\frac{13\,000\,€}{9\,999\,€} - 1\right) \cdot \frac{1}{3,8\,\%} = \left(\frac{13\,000\,€}{9\,999\,€} - 1\right) \cdot \frac{100}{3,8} \approx 7,9$$

h $K_n = 8\,000\,€$

$K_0 = 5\,000\,€$

$n = 4$

$$K_n = K_0 \cdot (1 + n \cdot p) \quad \Leftrightarrow \quad p = \left(\frac{K_n}{K_0} - 1\right) \cdot \frac{1}{n} \qquad \text{Auflösen nach p (siehe Teilaufgabe d)}$$

$$p = \left(\frac{8\,000\,€}{5\,000\,€} - 1\right) \cdot \frac{1}{4} = 0,15 = 15\,\%$$

Vollständige Tabelle:

	K_n	K_0	n	p
a	**2 837,50 €**	2 500 €	3	4,5 %
b	12 000 €	**9 273,57 €**	7	4,2 %
c	27 000 €	22 000 €	**3,5**	6,5 %
d	17 000 €	15 000 €	6	**2,2 %**
e	**26 928 €**	18 000 €	8	6,2 %
f	570 €	**550 €**	2	1,8 %
g	13 000 €	9 999 €	**7,9**	3,8 %
h	8 000 €	5 000 €	4	**15 %**

90 $K_0 = 6\,000\,€$

$n = 3$

$p = 8\,\%$

$K_n = K_0 \cdot (1 + n \cdot p)$

$$K_3 = 6\,000\,€ \cdot (1 + 3 \cdot 8\,\%) = 6\,000\,€ \cdot \left(1 + 3 \cdot \frac{8}{100}\right) = 7\,440\,€$$

Roman bezahlt nach 3 Jahren an Leon 7 440 €.

Hast du's gewusst?

91 $K_5 = 13\,000\ \text{\euro}$

n = 5

p = 7,5 %

$$K_n = K_0 \cdot (1 + n \cdot p) \quad \Leftrightarrow \quad K_0 = \frac{K_n}{1 + n \cdot p} \qquad \text{Auflösen nach } K_0$$

$$K_0 = \frac{13\,000\ \text{\euro}}{1 + 5 \cdot 7,5\,\%} = \frac{13\,000\ \text{\euro}}{1 + 5 \cdot \frac{7,5}{100}} \approx 9\,455\ \text{\euro}$$

Franziska hat Celina etwa 9 500 € geliehen.

92 $K_0 = 12\,000\ \text{\euro}$

$K_n = 14\,000\ \text{\euro}$

p = 4,5 %

$$K_n = K_0 \cdot (1 + n \cdot p) \quad \Leftrightarrow \quad n = \left(\frac{K_n}{K_0} - 1\right) \cdot \frac{1}{p} \qquad \text{Auflösen nach n (siehe Aufgabe 89 c)}$$

$$n = \left(\frac{14\,000\ \text{\euro}}{12\,000\ \text{\euro}} - 1\right) \cdot \frac{1}{4,5\,\%} = \left(\frac{14\,000\ \text{\euro}}{12\,000\ \text{\euro}} - 1\right) \cdot \frac{100}{4,5} \approx 3,7$$

Dominik begleicht bei der Gemeinde nach 3,7 Jahren seine Schuld.

93   **a** $K_0 = 25\,800\ \text{\euro}$

p = 4,8 %

n = 7

$$K_n = K_0 \cdot (1 + p)^n$$
$$K_7 = 25\,800\ \text{\euro} \cdot (1 + 4,8\,\%)^7 = 25\,800\ \text{\euro} \cdot 1,048^7 \approx 35\,821,91\ \text{\euro}$$

b $K_4 = 5\,500\ \text{\euro}$

p = 3,2 %

n = 4

$$K_n = K_0 \cdot (1 + p)^n \quad \Leftrightarrow \quad K_0 = \frac{K_n}{(1 + p)^n} \qquad \text{Auflösen nach } K_0$$

$$K_0 = \frac{5\,500\ \text{\euro}}{(1 + 3,2\,\%)^4} = \frac{5\,500\ \text{\euro}}{1,032^4} \approx 4\,848,91\ \text{\euro}$$

c $K_0 = 225\,000\ \text{\euro}$

p = 2,5 %

n = 10

$$K_n = K_0 \cdot (1 + p)^n$$
$$K_{10} = 225\,000\ \text{\euro} \cdot (1 + 2,5\,\%)^{10} = 225\,000\ \text{\euro} \cdot 1,025^{10} \approx 288\,019,02\ \text{\euro}$$

d $K_3 = 13\,500$ €

$p = 7,9\,\%$

$n = 3$

$$K_n = K_0 \cdot (1+p)^n \quad \Leftrightarrow \quad K_0 = \frac{K_n}{(1+p)^n} \qquad \text{Auflösen nach } K_0$$

$$K_0 = \frac{13\,500\,\text{€}}{(1+7,9\,\%)^3} = \frac{13\,500\,\text{€}}{1,079^3} \approx 10\,746,56\,\text{€}$$

Vollständige Tabelle:

	K_n	K_0	p	n
a	**35 821,91 €**	25 800 €	4,8 %	7
b	5 500 €	**4 848,91 €**	3,2 %	4
c	**288 019,02 €**	225 000 €	2,5 %	10
d	13 500 €	**10 746,56 €**	7,9 %	3

94 $n = 23$

$p = 7,5\,\%$

$K_0 = 15,60$ €

$K_n = K_0 \cdot (1+p)^n$

$K_{23} = 15,60\,\text{€} \cdot (1+7,5\,\%)^{23} = 15,60\,\text{€} \cdot 1,075^{23} \approx 82,32\,\text{€}$

Das Sparbuch von Gerhard ist heute 82,32 € wert.

95 **a** $K_0 = 320\,000$ €

$p = 1,5\,\%$

n = 3

$K_n = K_0 \cdot (1+p)^n$

$K_3 = 320\,000\,\text{€} \cdot (1+1,5\,\%)^3 = 320\,000\,\text{€} \cdot 1,015^3 = 334\,617,08\,\text{€}$

Nach 3 Jahren hat Daniel 334 617,08 € Kapital.

n = 5

$K_n = K_0 \cdot (1+p)^n$

$K_5 = 320\,000\,\text{€} \cdot (1+1,5\,\%)^5 = 320\,000\,\text{€} \cdot 1,015^5 \approx 344\,730,88\,\text{€}$

Nach 5 Jahren hat Daniel 344 730,88 € Kapital.

Hast du's gewusst?

b $K_{10} = 400\,000$ €

$n = 10$

$p = 1{,}5\,\%$

$$K_n = K_0 \cdot (1+p)^n \quad \Leftrightarrow \quad K_0 = \frac{K_n}{(1+p)^n} \qquad \text{Auflösen nach } K_0$$

$$K_0 = \frac{400\,000\ \text{€}}{(1+1{,}5\,\%)^{10}} = \frac{400\,000\ \text{€}}{1{,}015^{10}} \approx 344\,666{,}89\ \text{€} \approx 344\,700\ \text{€}$$

Daniel hätte vor 10 Jahren etwa 344 700 € anlegen müssen.

96 Anfangszahl der Bakterien: $A_0 = 100$

Verdopplung: $p = 100\,\%$

Anzahl der Stunden: $n = 12$

$$K_n = K_0 \cdot (1+p)^n \quad \Rightarrow \quad A_n = A_0 \cdot (1+p)^n$$

$$A_{12} = 100 \cdot (1+100\,\%)^{12} = 100 \cdot 2^{12} = 409\,600$$

Aus den anfänglichen 100 Bakterien haben sich nach 12 Stunden 409 600 Bakterien entwickelt.

97 **a** Einwohner zu Beginn: $B_0 = 80\,500\,000$

prozentuale Zunahme: $p = 1{,}83\,\%$

Anzahl der Jahre: $n = 10$

Das Problem kann auf die Theorie der exponentiellen Verzinsung übertragen werden.

$$K_n = K_0 \cdot (1+p)^n \quad \Rightarrow \quad B_n = B_0 \cdot (1+p)^n$$

$$B_{10} = 80\,500\,000 \cdot (1+1{,}83\,\%)^{10} = 80\,500\,000 \cdot 1{,}0183^{10} \approx 96\,500\,000$$

Ägypten hat in 10 Jahren etwa 96 500 000 Einwohner.

b Einwohner zu Beginn: $B_0 = 80\,500\,000$

prozentuale Zunahme: $p = 1{,}83\,\%$

Einwohner nach n Jahren: $2 \cdot B_0 = 161\,000\,000$

$$B_n = B_0 \cdot (1+p)^n \qquad |: B_0$$

$$\frac{B_n}{B_0} = (1+p)^n$$

$$\frac{161\,000\,000}{80\,500\,000} = (1+1{,}83\,\%)^n$$

$$2 = 1{,}0183^n$$

Diese Gleichung kannst du noch nicht lösen. Daher musst du probieren, um die Lösung zu finden.

Lösen durch **geschicktes Probieren**:

$1{,}0183^{10} \approx 1{,}20$ (zu klein)

$1{,}0183^{20} \approx 1{,}44$ (zu klein)

$1{,}0183^{30} \approx 1{,}72$ (zu klein)

$1{,}0183^{40} \approx 2{,}07$ (zu groß)

$1{,}0183^{36} \approx 1{,}92$ (zu klein)

$1{,}0183^{37} \approx 1{,}96$ (zu klein)

$1{,}0183^{38} \approx 1{,}99$ (zu klein)

$1{,}0183^{39} \approx 2{,}02$ (Treffer!)

Nach etwa 39 Jahren hat sich die Bevölkerungszahl verdoppelt.

98 Verdopplung nach 10 Jahren: $K_{10} = 2 \cdot K_0$

Zinssatz: $p = 7{,}1\,\%$

Anzahl der Jahre: $n = 10$

Für das **Kapital nach 10 Jahren** gilt:

$K_{10} = K_0 \cdot (1+p)^{10} = K_0 \cdot (1+7{,}1\,\%)^{10} = K_0 \cdot 1{,}071^{10} = K_0 \cdot 1{,}99$

Würde das Kapital **verdoppelt** werden, müsste man hier **mindestens $2 \cdot K_0$** erhalten. Die Firma verdoppelt zwar nahezu das eingesetzte Kapital, der Werbetext entspricht aber nicht ganz der Wahrheit.

99 $K_0 = 300\ €$

$p = 2{,}1\,\%$

$n = 4$

a $K_n = K_0 \cdot (1 + n \cdot p)$ lineare Verzinsung

$K_4 = 300\ € \cdot (1 + 4 \cdot 2{,}1\,\%) = 300\ € \cdot \left(1 + 4 \cdot \dfrac{2{,}1}{100}\right) = 325{,}20\ €$

Nach 4 Jahren hat Pia $325{,}20\ €$ Kapital.

b $K_n = K_0 \cdot (1+p)^n$ exponentielle Verzinsung

$K_4 = 300\ € \cdot (1 + 2{,}1\,\%)^4 = 300\ € \cdot 1{,}021^4 \approx 326\ €$

Nach 4 Jahren hat Pia $326\ €$ Kapital.

c $K_4 = 400\ €$

$p = 2{,}1\,\%$

$K_n = K_0 \cdot (1+p)^n \quad \Leftrightarrow \quad K_0 = \dfrac{K_n}{(1+p)^n}$ Auflösen nach K_0

$K_0 = \dfrac{400\ €}{(1 + 2{,}1\,\%)^4} = \dfrac{400\ €}{1{,}021^4} \approx 368{,}09\ €$

Pia müsste etwa $368{,}09\ €$ über 4 Jahre anlegen.

100 **a** $n = 9$

$p = \frac{4}{12}\,\% = \frac{1}{3}\,\% = \frac{1}{3} \cdot \frac{1}{100} = \frac{1}{300}$ (pro Monat)

$K_0 = 6\,543,21\,€$

$K_n = K_0 \cdot (1 + p)^n$ exponentielle Verzinsung

$K_9 = 6\,543,21\,€ \cdot \left(1 + \frac{1}{300}\right)^9 = 6\,543,21\,€ \cdot \left(\frac{301}{300}\right)^9 \approx 6\,742,14\,€$

Bernhard muss 6 742,14 € an die Gemeinde zahlen.

b $K = 6\,742,14\,€$

$K_0 = 6\,543,21\,€$

$p = \frac{1}{3}\,\% = \frac{1}{300}$

$K = K_0 \cdot (1 + n \cdot p) \qquad |:K_0$ lineare Verzinsung

$1 + n \cdot p = \frac{K}{K_0} \qquad\qquad |-1$ Auflösen nach n

$n \cdot p = \frac{K}{K_0} - 1 \qquad\qquad |:p$

$n = \left(\frac{K}{K_0} - 1\right) \cdot \frac{1}{p}$

$n = \left(\frac{6\,742,14\,€}{6\,543,21\,€} - 1\right) \cdot \frac{1}{\frac{1}{300}} = \left(\frac{6\,742,14\,€}{6\,543,21\,€} - 1\right) \cdot 300 \approx 9,12$

Nach 9,12 Monaten müsste die Schuld beglichen werden. Bernhard gewinnt $0,12 \cdot 30\,d \approx 4\,d$ (Tage) zur Tilgung seiner Schuld.

101 **a** Kaufsumme: **349 000 €**

Notar:

1,5 % von 349 000 € = 0,015 · 349 000 € = **5 235 €**

Immobilienmakler:

3,41 % von 349 000 € = 0,0341 · 349 000 € = **11 900,90 €**

Grunderwerbssteuer:

3,5 % von 349 000 € = 0,035 · 349 000 € = **12 215 €**

Gesamtausgaben:

349 000 € + 5 235 € + 11 900,90 € + 12 215 € = 378 350,90 €

Darlehenssumme:

378 350,90 € − 80 000 € = 298 350,90 €   Gesamtkosten − Eigenkapital = Darlehen

Familie Schmidt muss sich 298 350,90 € von der Bank leihen.

b 1,8 % Tilgung (pro Jahr)

4,5 % Zinssatz (pro Jahr)

298 350,90 € Darlehen

1. Jahr:

Tilgung: 1,8 % von 298 350,90 € = 0,018 · 298 350,90 € ≈ **5 370,32 €**

Zinsen: 4,5 % von 298 350,90 € = 0,045 · 298 350,90 € ≈ **13 425,79 €**

Restschuld: 298 350,90 € − 5 370,32 € = **292 980,58 €**

2. Jahr:

Tilgung: 1,8 % von 292 980,58 € = 0,018 · 292 980,58 € ≈ **5 273,65 €**

Zinsen: 4,5 % von 292 980,58 € = 0,045 · 292 980,58 € ≈ **13 184,13 €**

Restschuld: 292 980,58 € − 5 273,65 € = **287 706,93 €**

3. Jahr:

Tilgung: 1,8 % von 287 706,93 € = 0,018 · 287 706,93 € ≈ **5 178,72 €**

Zinsen: 4,5 % von 287 706,93 € = 0,045 · 287 706,93 € ≈ **12 946,81 €**

Restschuld: 287 706,93 € − 5 178,72 € = **282 528,21 €**

Nach 3 Jahren hat Familie Schmidt eine Restschuld von 282 528,21 €.

c 1 600 € pro Monat ⇒ 1 600 € · 12 = 19 200 € pro Jahr

p = 4,5 % Zinsen pro Jahr

Es werden die Zinsen pro Jahr berechnet. Der Restbetrag zu 19 200 € kann zur Tilgung verwendet werden.

1. Jahr:

Zinsen: 4,5 % von 298 350,90 € = 0,045 · 298 350,90 € ≈ **13 425,79 €**

Tilgung: 19 200 € − 13 425,79 € = **5 774,21 €**

Restschuld: 298 350,90 € − 5 774,21 € = **292 576,69 €**

2. Jahr:

Zinsen: 4,5 % von 292 576,69 € = 0,045 · 292 576,69 € ≈ **13 165,95 €**

Tilgung: 19 200 € − 13 165,95 € = **6 034,05 €**

Restschuld: 292 576,69 € − 6 034,05 € = **286 542,64 €**

3. Jahr:

Zinsen: 4,5 % von 286 542,64 € = 0,045 · 286 542,64 € ≈ **12 894,42 €**

Tilgung: 19 200 € − 12 894,42 € = **6 305,58 €**

Restschuld: 286 542,64 € − 6 305,58 € = **280 237,06 €**

Nach 3 Jahren hat die Familie Schmidt eine Restschuld von 280 237,06 €.

Hast du's gewusst?

Test 7

1 **a** $K = 2\,500\,€,\ p = 4{,}5\,\%$

$Z = 2\,500\,€ \cdot 4{,}5\,\% = 2\,500\,€ \cdot \frac{4{,}5}{100} = 112{,}5\,€$ $\qquad\qquad Z = K \cdot p$

b $Z = 1\,200\,€,\ K = 65\,000\,€$

$p = \frac{1\,200\,€}{65\,000\,€} \approx 0{,}018 = 1{,}8\,\%$ $\qquad\qquad\qquad p = \frac{Z}{K}$

c $Z = 550\,€,\ p = 2{,}8\,\%$

$K = \frac{550\,€}{2{,}8\,\%} = 550\,€ \cdot \frac{100}{2{,}8} \approx 19\,643\,€$ $\qquad\qquad K = \frac{Z}{p}$

2 **a** $K = 1\,398\,€ - 400\,€ = 998\,€$
$p = 9{,}9\,\%$

$Z = 998\,€ \cdot 9{,}9\,\% = 998\,€ \cdot \frac{9{,}9}{100} \approx 99\,€$ $\qquad\qquad Z = K \cdot p$

Peter muss nach einem Jahr 99 € Zinsen zahlen. (3 BE)

b $K = K_0 \cdot (1 + p) \quad \Leftrightarrow \quad K_0 = \frac{K}{1 + p}$

$K_0 = \frac{1\,800\,€}{1 + 9{,}9\,\%} = \frac{1\,800\,€}{1{,}099} \approx 1\,637{,}85\,€$

Das Fernsehgerät darf höchstens 1 637,85 € + 400 € = 2 037,85 € kosten. (4 BE)

3 $K = 25\,000\,€ - 8\,000\,€ = 17\,000\,€$
$n = 4$
$p = 5{,}5\,\%$

a lineare Verzinsung:
$K_n = K_0 \cdot (1 + n \cdot p)$
$K_n = 17\,000\,€ \cdot (1 + 4 \cdot 5{,}5\,\%) = 17\,000\,€ \cdot \left(1 + 4 \cdot \frac{5{,}5}{100}\right) \approx 20\,740\,€$

Nach 4 Jahren muss Familie Meier bei linearer Verzinsung etwa 20 740 € bezahlen.

b exponentielle Verzinsung:

$$K_n = K_0 \cdot (1+p)^n$$

$$K_4 = 17\,000\,€ \cdot (1+5,5\,\%)^4 = 17\,000\,€ \cdot 1,055^4 \approx 21\,060\,€$$

Bei einer exponentiellen Verzinsung muss Familie Meier nach 4 Jahren etwa 21 060 € zurückzahlen.

4

$p = 6,5\,\%$

$K_{10} = 14\,080\,€$

$n = 10$

$$K_n = K_0 \cdot (1+p)^n \quad \Leftrightarrow \quad K_0 = \frac{K_n}{(1+p)^n}$$

$$K_0 = \frac{14\,080\,€}{(1+6,5\,\%)^{10}} = \frac{14\,080\,€}{1,065^{10}} \approx 7\,500\,€$$

Rebecca hat vor 10 Jahren etwa 7 500 € Kapital zur exponentiellen Verzinsung angelegt.

5

$p = 30\,\%$

$K_0 = 45\,000$

$n = 14$

$$K_n = K_0 \cdot (1+p)^n$$

$$K_{14} = 45\,000 \cdot (1+30\,\%)^{14} = 45\,000 \cdot 1,3^{14} \approx 1,8 \cdot 10^6$$

Im Jahr 2014 existieren unter der Annahme eines exponentiellen Wachstums $1,8 \cdot 10^6$ verschiedene Computerviren.

Test 8

1

a $Z = 550\,€$, $p = 5,8\,\%$

$$K = \frac{550\,€}{5,8\,\%} = 550\,€ \cdot \frac{100}{5,8} \approx 9\,483\,€ \qquad\qquad K = \frac{Z}{p}$$

b $K = 980\,€$, $p = 9,8\,\%$

$$Z = 980\,€ \cdot 9,8\,\% = 980\,€ \cdot \frac{9,8}{100} = 96,04\,€ \qquad\qquad Z = K \cdot p$$

c $Z = 7\,541\,€$, $K = 50\,000\,€$

$$p = \frac{7\,541\,€}{50\,000\,€} \approx 0,151 = 15,1\,\% \qquad\qquad p = \frac{Z}{K}$$

Hast du's gewusst?

2 $K = 15\,000\,€$

$p = 0{,}01\,\%$ (pro Tag)

a $n = 250$

$Z = n \cdot p \cdot K$

$Z = 250 \cdot 0{,}01\,\% \cdot 15\,000\,€ = 250 \cdot \dfrac{0{,}01}{100} \cdot 15\,000\,€ = 375\,€$

Christian muss 375 € Zinsen bezahlen.   (3 BE)

b $Z = 750\,€$

$Z = n \cdot p \cdot K \iff n = \dfrac{Z}{K \cdot p}$

$n = \dfrac{750\,€}{15\,000\,€ \cdot 0{,}01\,\%} = \dfrac{750\,€}{15\,000\,€} \cdot \dfrac{100}{0{,}01} = 500$

Nach 500 Tagen sind es 750 € Zinsen.   (4 BE)

3 $K = 760\,€$

$K_1 = 790\,€$

$K_1 = K \cdot (1 + p) \quad | : K$

$\dfrac{K_1}{K} = 1 + p \qquad | -1$

$\dfrac{K_1}{K} - 1 = p$

$p = \left(\dfrac{790\,€}{760\,€} - 1 \right) \approx 0{,}039 = 3{,}9\,\%$

Der Zinssatz des Elektromarktes ist 3,9 %.

4 $p = 3{,}9\,\%$

$K = 75\,000\,€$

$n = 5$

a   Der jährliche Zins ist immer gleich.

$Z = 75\,000\,€ \cdot 3{,}9\,\% = 75\,000\,€ \cdot \dfrac{3{,}9}{100} = 2\,925\,€ \qquad Z = K \cdot p$

$5 \cdot 2\,925\,€ = 14\,625\,€$

14 625 € sind die Zinsen der Familie Müller bei jährlicher Bezahlung.   (3 BE)

Hast du's gewusst?

b Der Zins nach 5 Jahren bedeutet eine exponentielle Verzinsung.

$K_n = K_0 \cdot (1+p)^n$

$K_5 = 75\,000\,€ \cdot (1+3,9\,\%)^5 = 75\,000\,€ \cdot 1,039^5 \approx 90\,811\,€$

Zinsen: $90\,811\,€ - 75\,000\,€ = 15\,811\,€$

Familie Müller zahlt nach 5 Jahren 15 811 € Zinsen. (4 BE)

5 Basti:　$K_B = 500\,€$

　　　　　$p_B = 4,5\,\%$

Kathrin:　$K_K = 400\,€$

　　　　　$p_K = 6,5\,\%$

lineare Verzinsung: $K_n = K_0 \cdot (1 + n \cdot p)$

Basti:　　$K_n = 500\,€ \cdot (1 + n \cdot 4,5\,\%) = 500\,€ \cdot \left(1 + n \cdot \frac{4,5}{100}\right)$

Kathrin:　$K_n = 400\,€ \cdot (1 + n \cdot 6,5\,\%) = 400\,€ \cdot \left(1 + n \cdot \frac{6,5}{100}\right)$

$500\,€ \cdot \left(1 + n \cdot \frac{4,5}{100}\right) = 400\,€ \cdot \left(1 + n \cdot \frac{6,5}{100}\right)$

$500\,€ + 500\,€ \cdot n \cdot \frac{4,5}{100} = 400\,€ + 400\,€ \cdot n \cdot \frac{6,5}{100} \qquad |:1\,€$

$500 + 22,5n = 400 + 26n \qquad\qquad |-400$

$100 + 22,5n = 26n \qquad\qquad\quad |-22,5n$

$100 = 3,5n \qquad\qquad\qquad |:3,5$

$n \approx 28,6$

Nach 29 Jahren hat Kathrin mehr Kapital als Basti.

Hast du's gewusst?

Ihre Meinung ist uns wichtig!

Ihre Anregungen sind uns immer willkommen. Bitte informieren Sie
uns mit diesem Schein über Ihre Verbesserungsvorschläge!

Titel-Nr.	Seite	Vorschlag

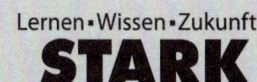

Zutreffendes bitte ankreuzen!
Die Absenderin/der Absender ist:

☐ Lehrer/in in den Klassenstufen:

☐ Fachbetreuer/in
Fächer:

☐ Seminarlehrer/in
Fächer:

☐ Regierungsfachberater/in
Fächer:

☐ Oberstufenbetreuer/in

☐ Schulleiter/in

☐ Referendar/in, Termin 2. Staats-
examen:

☐ Leiter/in Lehrerbibliothek

☐ Leiter/in Schülerbibliothek

☐ Sekretariat

☐ Eltern

☐ Schüler/in, Klasse:

☐ Sonstiges:

Unterrichtsfächer: (Bei Lehrkräften!)

Kennen Sie Ihre Kundennummer?
Bitte hier eintragen.

Absender (Bitte in Druckbuchstaben!)

Name/Vorname

Straße/Nr.

PLZ/Ort/Ortsteil

Telefon privat   Geburtsjahr

E-Mail

Schule/Schulstempel (Bitte immer angeben!)

**STARK Verlag
Postfach 1852
85318 Freising**

24-V_TRUM

Erfolgreich durch alle Klassen mit den STARK-Reihen

Training

Unterrichtsrelevantes Wissen schülergerecht präsentiert. Übungsaufgaben mit Lösungen sichern den Lernerfolg.

Klassenarbeiten

Praxisnahe Übungen für eine gezielte Vorbereitung auf Klassenarbeiten.

STARK in Klassenarbeiten

Schülergerechtes Training wichtiger Themenbereiche für mehr Lernerfolg und bessere Noten.

Kompakt-Wissen

Kompakte Darstellung von wichtigem Wissen zum schnellen Nachschlagen und Wiederholen.

VERA 8

Grundwissen mit Beispielen und Übungsaufgaben im Stil von VERA 8. Mit schülergerechten Lösungen.

Und vieles mehr auf www.stark-verlag.de

(Bitte blättern Sie um)